活动策划实战攻略

品牌推广+人气打造+实战案例

苏海 编著

清华大学出版社
北京

内容简介

活动有哪些类型？要如何策划活动？策划活动有哪些技巧？如何成功举办并完美收关一场活动？活动前期、中期和后期又分别如何具体进行？

本书通过"案例"和"技巧"两条线帮助读者快速成为活动策划高手！

一条是横向案例线——本书从多个行业实战中提炼出15章专题内容，详解20多种活动，分享20多个经典案例，内容涉及电商活动策划、节假日活动策划、促销活动策划、会展活动策划、企业活动策划、公关活动策划、大学活动策划、微信活动策划、庆典宴会活动策划、行业活动策划、新媒体活动策划等，以80多条专家提醒、120多个重点语句、160多张精美实用图片、290多幅图解对不同活动类型的特色、策划重点与策划技巧进行了全方位展示。

另一条是纵向技巧线——全书涵盖6大活动策划要点、7大活动策划原则、4大活动策划步骤、4大活动策划核心内容、11大活动类型策划技巧等。针对活动策划的类型、特点、方法、诀窍、注意事项、运营策略、策划书要点7大方面的内容，对读者进行系统性的指导。

本书结构清晰，拥有一套完整、详细、实战性极强的活动策划系统，适合电商、微商活动策划者、公司活动策划工作人员、活动策划公司管理者、专业活动策划者、公关领域专家作为培训教材使用。

本书封面贴有清华大学出版社防伪标签，无标签者不得销售。
版权所有，侵权必究。举报：010-62782989，beiqinquan@tup.tsinghua.edu.cn。

图书在版编目（CIP）数据

活动策划实战攻略：品牌推广+人气打造+实战案例 / 苏海编著. —北京：清华大学出版社，2021.9(2023.8重印)
ISBN 978-7-302-58994-5

Ⅰ. ①活… Ⅱ. ①苏… Ⅲ. ①活动—组织管理学 Ⅳ. ①C936

中国版本图书馆CIP数据核字（2021）第174788号

责任编辑： 杜春杰
封面设计： 刘 超
版式设计： 文森时代
责任校对： 马军令
责任印制： 刘海龙

出版发行： 清华大学出版社

网	址：http://www.tup.com.cn，http://www.wqbook.com			
地	址：北京清华大学学研大厦A座	邮	编：	100084
社 总 机：010-83470000		邮	购：	010-62786544
投稿与读者服务：010-62776969，c-service@tup.tsinghua.edu.cn				
质量反馈：010-62772015，zhiliang@tup.tsinghua.edu.cn				

印 装 者：	北京嘉实印刷有限公司					
经 销：	全国新华书店					
开 本：	170mm×240mm	印 张：	18.75	字 数：	284千字	
版 次：	2021年9月第1版			印 次：	2023年8月第3次印刷	
定 价：	59.80元					

产品编号：089751-01

PREFACE 前言

写作驱动

时代的快速发展将活动策划带入一个兴盛时期。只要思维发散的人，就能够策划出活动，但却不一定能够通过活动策划实现自我价值，倘若不懂得活动策划的规则与技巧，那么是很难策划出一个好活动的。

无论是过去，还是未来，无论哪个行业、哪个领域，无论是PC端还是移动端，都不可能不需要活动。优质活动的商机无穷无尽，成为活动策划高手还何愁找不到好工作？企业拥有活动策划高手还何愁销量低迷、品牌口碑不好、企业知名度差？

本书以策划活动为核心，以活动类型为根本出发点，以图解方式深度剖析活动策划的类型、特点、方法、诀窍、注意事项、运营策略及策划书要点，特别是结合了众多与工作、生活息息相关的活动，如电商活动策划、团购活动策划、元宵节活动策划、情人节活动策划、线上促销活动策划、文化主题活动策划、企业员工娱乐活动策划、公益活动策划、新闻发布会策划、社团活动策划、餐饮行业活动策划、新媒体活动策划等，从各个环节全面解析了20多种活动的策划方法与诀窍。

本书特色

本书主要特色：内容全面+技巧称王。

（1）内容全面、通俗易懂、针对性强。本书体系完整，包含品牌推广、人气打造、实战案例形式，以策划活动为核心，以活动类型为根本出发点进行了15章专题内容的详解，包括走进活动策划的世界、厘清活动策划的思路、熟知活动策划的步骤、掌握策划的核心内容、电商活动策划、节假日活动策划、促销活动策划、会展活动策划、企业活动策划、公关活动策划、大学活动策划、微信活动策划、庆典宴会活动策划、行业活动策划、新媒体活动策划，旨在帮助读者彻底掌握活动策划的规则与技巧。

（2）突出实用、技巧称王、快速传播。本书从各个环节全面解析了20多种类型的活动策划，提炼出专业策划技巧，再通过全图解的方式让读者快速掌握技巧，一步步指导读者快速策划出说服力强、易传播的精品活动，以真实活动案例的形式，让读者轻松了解活动的实战效果。

本书内容采用的是理论、技巧与案例相结合的方式，从横向案例线和纵向技巧线两个方面全面解析活动策划的方法与技巧，让您轻松成为活动策划高手！

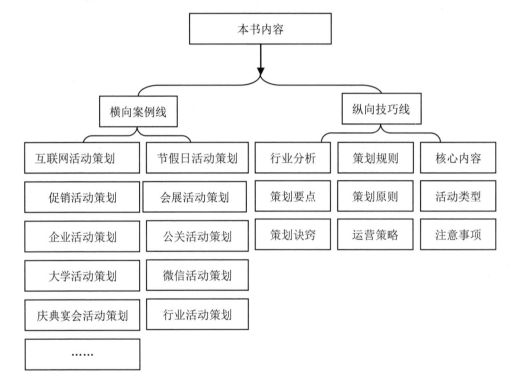

图解提示

本书是一本侧重活动策划应用的实战宝典，采取全图解的方式对活动策划的规则与技巧进行介绍及分析。图解能够方便读者对重点的把握，让读者通过逻辑推理快速了解核心知识，节约大量的阅读时间。读者在阅读过程中需要注意图解的逻辑关系，根据图解的连接词充分理解图解想要表达的重点，以获得更好的阅读感受。

适合人群

本书结构清晰、内容翔实、语言简洁、图解特色鲜明、逻辑缜密,适合以下读者学习使用。

(1)电商行业的从业者或有意进入电商行业的创业者。本书讲解了电商活动的策划方法、策划类型、策划技巧等,提供大量实用性案例,能够更好地指导活动策划。

(2)公司活动策划工作人员。本书以时代需求的角度切入,讲解活动策划地点的选择、时间选择、工作安排、活动预算、目的选择、策划书要点、活动宣传等多方面内容。一书在手,解决所有问题,尤其是对成功活动案例的解析,能够更好地让活动策划者了解活动实战效果。

(3)活动策划公司管理者、专业活动策划者、公关领域专家。本书深度解析活动策划形式、技巧运用,干货十足。通过全方位的内容剖析,帮助读者在行业内如鱼得水,更进一步成为活动策划领域内的专业人士。

(4)新媒体运营者。本书提供微博、短视频、直播三种新媒体活动的策划方法和技巧,助推运营者紧跟时代潮流,成为新媒体活动策划高手。

作者致谢

本书由苏海编著,参与编写的人员还有明镜、董婷、刘胜璋、刘向东、刘松昇、刘伟、卢博、周旭阳、袁淑敏、谭中阳、杨端阳、李四华、王力建、柏承能、刘桂花、柏松、谭贤、谭俊杰、徐茜、刘嫔、苏高、柏慧等人,在此一并表示感谢。由于编者知识水平有限,书中难免有错误和疏漏之处,恳请广大读者批评、指正。

CONTENTS 目录

/ 第1章 /　走进活动策划的世界　　/1

　1.1　探询：活动策划的类型　　/2
　　　1.1.1　盈利目的型　/2
　　　1.1.2　宣传推广型　/4
　1.2　把握：活动策划的优势　　/5
　　　1.2.1　互动传播能力强　　/6
　　　1.2.2　受限制度比较小　　/6
　　　1.2.3　增加品牌知名度　　/7
　　　1.2.4　受众范围比较广　　/8
　　　1.2.5　成本较低成效好　　/9
　1.3　深知：活动策划的作用　　/10
　　　1.3.1　调动受众参与性　　/10
　　　1.3.2　提高品牌曝光率　　/12
　　　1.3.3　开发受众连接性　　/14

/ 第2章 /　厘清活动策划的思路　　/18

　2.1　牢记：活动策划的要点　　/19
　　　2.1.1　要点一：策划活动总体方案　　/19
　　　2.1.2　要点二：掌握活动整体预算　　/20
　　　2.1.3　要点三：制定活动工作安排表　　/22
　　　2.1.4　要点四：制定活动具体流程表　　/23

  2.1.5 要点五：获得活动举办评价 /24
  2.1.6 要点六：备用活动紧急方案 /26

2.2 遵守：活动策划的原则 /26
  2.2.1 原则一：可进行操作 /26
  2.2.2 原则二：体现创新性 /27
  2.2.3 原则三：积极参与性 /29
  2.2.4 原则四："草船借箭" /29
  2.2.5 原则五：吻合主题性 /30
  2.2.6 原则六：精准针对性 /31
  2.2.7 原则七：把握宣传性 /31

2.3 巧用：活动策划的理由 /32
  2.3.1 理由一：以时间为主 /32
  2.3.2 理由二：以热点为主 /33
  2.3.3 理由三：以亮点为主 /33

2.4 探究：活动策划的规则 /34
  2.4.1 规则一：只需一个主题 /34
  2.4.2 规则二：直接说出利益 /35
  2.4.3 规则三：考虑执行能力 /35
  2.4.4 规则四：转化活动类型 /35

2.5 熟悉：策划书常见规范 /35
  2.5.1 规范一：活动的名称 /36
  2.5.2 规范二：活动的主题 /36
  2.5.3 规范三：活动的开展 /36
  2.5.4 规范四：活动的要求 /37

2.6 注意：活动策划的事项 /37
  2.6.1 事项一：明确受众对象 /37
  2.6.2 事项二：明确活动阶段 /37

2.7 明确：活动策划者的素质 /38

        2.7.1　素质一：具有创新性思想　/38
        2.7.2　素质二：具有强协调能力　/38
        2.7.3　素质三：心理素质需强大　/39

/ 第 3 章 / 熟知活动策划的步骤　/40

3.1　第一步：明确活动目的　/41
        3.1.1　众筹型活动　/41
        3.1.2　促销型活动　/43
        3.1.3　内部型活动　/43

3.2　第二步：清楚成本花费　/44
        3.2.1　估算成本　/44
        3.2.2　细算成本　/45

3.3　第三步：初步策划活动　/47
        3.3.1　组建活动策划团队　/47
        3.3.2　进行活动整体构思　/47
        3.3.3　确定活动类型　/48
        3.3.4　计算整体策划时间　/49

3.4　第四步：明确活动细节　/49
        3.4.1　预留时间　/49
        3.4.2　客人主次　/50
        3.4.3　人员调配　/51

/ 第 4 章 / 掌握策划的核心内容　/52

4.1　选择合适的时间　/53
        4.1.1　时间的作用　/53
        4.1.2　时间的阶段　/53

4.1.3 考虑的因素 /54

4.2 选择合适的地点 /55

4.2.1 地点的作用 /56
4.2.2 考虑的因素 /56

4.3 进行合适的宣传 /59

4.3.1 宣传的作用 /59
4.3.2 考虑的因素 /59
4.3.3 宣传的方式 /60

4.4 制定合适的流程 /64

4.4.1 制定的要点 /64
4.4.2 制定的要素 /65

/ 第 5 章 / 电商活动策划 /68

5.1 电商活动策划 /69

5.1.1 电商活动概述 /69
5.1.2 电商活动须知 /71
5.1.3 电商活动策划技巧 /74
5.1.4 【实战案例】"双十一"活动策划 /75

5.2 团购活动策划 /77

5.2.1 团购活动的特点 /78
5.2.2 策划团购活动的技巧 /79
5.2.3 团购活动产品的描述 /81
5.2.4 【实战案例】"某口味馆"团购活动策划书 /83

/ 第 6 章 / 节假日活动策划 /91

6.1 元宵节活动策划 /92

- 6.1.1 元宵节活动的策划诀窍　/92
- 6.1.2 元宵节活动地点的选择　/93
- 6.1.3 元宵节活动的重点　/94
- 6.1.4 【实战案例】"张灯结彩"元宵节活动策划书　/95

6.2 情人节活动策划　/100

- 6.2.1 情人节活动的策划诀窍　/100
- 6.2.2 策划前需要思考的问题　/101
- 6.2.3 控制活动的整体节奏　/102
- 6.2.4 【实战案例】"丘比特之箭"情人节活动策划书　/103

/ 第 7 章 /　促销活动策划　/109

7.1 线上促销活动策划　/110

- 7.1.1 线上促销活动的策划诀窍　/110
- 7.1.2 线上促销活动的推广方式　/110
- 7.1.3 线上促销活动的开展时机　/115
- 7.1.4 【实战案例】"天猫女王节"线上促销活动策划书　/116

7.2 线下促销活动策划　/123

- 7.2.1 线下促销活动的策划诀窍　/123
- 7.2.2 线下促销活动的运营策略　/124
- 7.2.3 线下促销活动的常见方式　/125
- 7.2.4 【实战案例】"你扫满我就送"线下促销活动策划书　/125

/ 第 8 章 /　会展活动策划　/130

8.1 文化主题活动策划　/131

- 8.1.1 文化主题活动的策划诀窍　/131
- 8.1.2 文化主题活动的类型　/133

8.1.3　文化主题活动的注意事项　　/134

　　8.1.4　【实战案例】茶文化主题活动策划书　　/135

8.2　展览主题活动策划　　/140

　　8.2.1　展览主题活动的策划诀窍　　/141

　　8.2.2　展览主题活动的市场调研　　/141

　　8.2.3　展览主题活动的地点选择　　/142

　　8.2.4　【实战案例】国际汽车展览活动策划书　　/142

/ 第9章 /　企业活动策划　　/147

9.1　企业会议活动策划　　/148

　　9.1.1　企业会议活动的策划诀窍　　/148

　　9.1.2　企业会议活动的种类　　/149

　　9.1.3　企业会议活动的策划要点　　/149

　　9.1.4　【实战案例】2021年上半年公司总业绩报告会策划书　　/150

9.2　企业员工娱乐活动策划　　/155

　　9.2.1　企业员工娱乐活动的策划诀窍　　/155

　　9.2.2　企业员工娱乐活动的种类　　/157

　　9.2.3　企业员工娱乐活动的注意事项　　/158

　　9.2.4　【实战案例】企业员工娱乐活动策划书　　/158

/ 第10章 /　公关活动策划　　/164

10.1　公益活动策划　　/165

　　10.1.1　公益活动的策划诀窍　　/165

　　10.1.2　公益活动的种类　　/166

　　10.1.3　公益活动的传播　　/167

　　10.1.4　【实战案例】"红鼻子节"公益活动策划书　　/169

10.2 新闻发布会策划 /171
    10.2.1 新闻发布会的策划诀窍 /171
    10.2.2 新闻发布会的特点 /172
    10.2.3 新闻发布会活动策划的注意事项 /173
    10.2.4 【实战案例】新品新闻发布会策划书 /173

/ 第 11 章 / 大学活动策划 /180

11.1 社团活动策划 /181
    11.1.1 社团活动的策划诀窍 /181
    11.1.2 社团活动的种类 /182
    11.1.3 社团活动的创意 /182
    11.1.4 【实战案例】"K 歌之王"社团活动策划书 /183

11.2 班级活动策划 /188
    11.2.1 班级活动的策划诀窍 /189
    11.2.2 策划班级活动的意义 /189
    11.2.3 班级活动策划的注意事项 /189
    11.2.4 【实战案例】"春意袭来情谊递增"活动策划书 /190

/ 第 12 章 / 微信活动策划 /194

12.1 微信朋友圈活动策划 /195
    12.1.1 微信朋友圈活动的策划诀窍 /195
    12.1.2 微信朋友圈活动的类型 /196
    12.1.3 微信朋友圈活动策划的注意事项 /200
    12.1.4 【实战案例】"芝士肋排积赞"活动策划书 /201

12.2 微信公众号活动策划 /207
    12.2.1 微信公众号活动的策划诀窍 /207

12.2.2　微信公众号活动的推送时间　/211

12.2.3　微信公众号活动策划的注意事项　/212

12.2.4　【实战案例】免费体验手机副号活动策划书　/214

/ 第 13 章 /　庆典宴会活动策划　/220

13.1　庆典类活动策划　/221

13.1.1　庆典活动策划的技巧　/221

13.1.2　庆典活动策划的注意事项　/225

13.1.3　【实战案例】公司开业庆典活动策划书　/229

13.1.4　【实战案例】大学 70 周年庆典活动策划书　/234

13.2　宴会类活动策划　/237

13.2.1　宴会活动的常见举办地点　/238

13.2.2　选择宴会活动地点的注意事项　/239

13.2.3　拒绝平庸的年会方案　/239

13.2.4　宴会活动的策划标准和注意事项　/240

13.2.5　【实战案例】餐饮协会年会活动策划书　/243

/ 第 14 章 /　行业活动策划　/246

14.1　餐饮行业活动策划　/247

14.1.1　让口碑成为餐饮行业活动的宗旨　/247

14.1.2　先自我分析再举办活动　/248

14.1.3　策划活动有策略方可成功　/249

14.1.4　【实战案例】"Hi 游戏　今天你挑战了吗？"活动策划书　/250

14.2　美容行业活动策划　/255

14.2.1　明确活动目标才是王道　/255

14.2.2　活动形式围绕促销而设　/256

14.2.3 美容行业活动的宣传方式　/257

14.2.4 【实战案例】美容院 18 周年庆活动策划书　/259

/ 第 15 章 / 新媒体活动策划　/263

15.1 新媒体活动策划概述　/264

15.1.1 新媒体活动概况　/264

15.1.2 新媒体活动策划的须知　/268

15.1.3 新媒体活动的策划技巧　/273

15.1.4 【实战案例】"OPPO Reno 造乐节"微博活动策划书　/275

15.2 短视频活动策划　/277

15.2.1 短视频活动的特点　/277

15.2.2 【实战案例】抖音"点亮 2021"活动策划书　/279

15.3 直播活动策划　/280

15.3.1 直播活动的优势　/281

15.3.2 【实战案例】直播带货活动策划书　/282

第 1 章
走进活动策划的世界

/

> 探询：活动策划的类型
> 把握：活动策划的优势
> 深知：活动策划的作用

1.1　探询：活动策划的类型

所谓活动策划，其实就是市场策划案，它隶属于文案，但与文案之间又存在一定的区别：文案仅限于文字的表达，而活动策划是一种为活动而进行的文字策划案，除了用文字表现之外，还需要在实际生活中进行兑现、实操。

好的活动策划可以推广品牌、提高企业声誉，更是提高产品市场占有率的有效行为。一般来说，活动策划大致分为两类：盈利目的型、宣传推广型。

1.1.1　盈利目的型

不管企业进行哪种营销活动，其目的均以盈利为主，因此盈利目的型活动策划历来被企业所重视。然而，盈利目的型活动策划的目的并不单一，它具有主次分明的特点，只要运用得当，定能引起消费者的关注，激起消费者的购买欲望。图1-1展示了盈利目的型活动策划的概念。

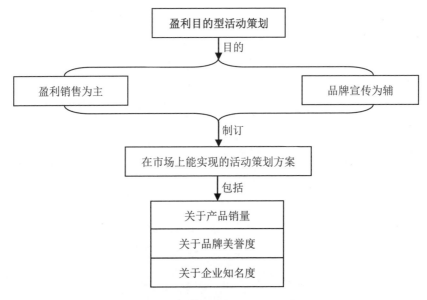

图1-1　盈利目的型活动策划的概念

活动策划者在策划盈利目的型活动时,应以大众感兴趣的、所关注的、所需求的事物为主题,从侧面突出企业产品或品牌,这样才能大大提高企业产品的知名度和美誉度。

例如,某品牌凉茶在商场外推出"参与保龄球"活动,参与者即可免费获得该品牌凉茶,当时不少逛商场的消费者都积极参与了此活动。这样的活动以游戏为主题,以产品为奖品,受到人们极大的关注,既提高了产品的曝光率,又勾起了消费者对产品的购买欲望。

一般来说,活动策划者参考以下步骤,即可有效进行盈利目的型活动策划,如图1-2所示。

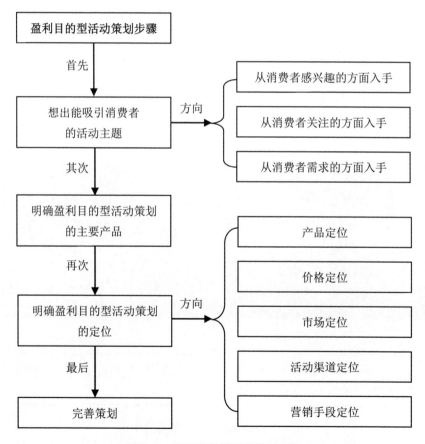

图1-2 盈利目的型活动策划步骤

1.1.2 宣传推广型

在生活中会有部分企业比较注重品牌宣传与推广，于是就会选择宣传推广型活动策划进行操作，以进一步扩大企业品牌宣传力。图 1-3 展示了宣传推广型活动策划的概念。

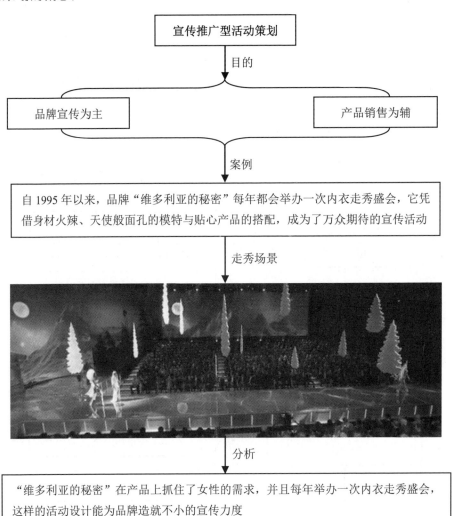

图 1-3 宣传推广型活动策划的概念

一般来说，宣传推广型活动策划的常见形式有如下几种，如图 1-4 所示。

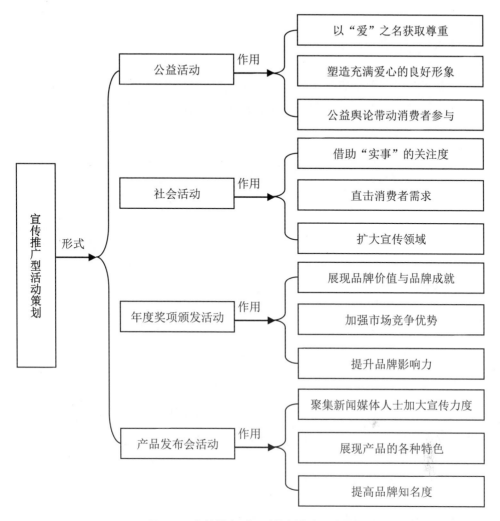

图1-4 宣传推广型活动策划的常见形式

1.2 把握：活动策划的优势

企业在选择营销方式、推广手段的过程中，一般都需要了解营销方式或推广手段各自的优势，并挑选出对自身产品最有利的方式或手段，这样企业在产品推广、销售的过程中才不会走过多弯路。下面就来了解一下活动策划的优势。

1.2.1 互动传播能力强

企业之所以会进行活动策划，是因为它具有三大特点，即双向性、感性的传播方式、使受众产生共鸣，这些特点能够加强互动传播能力，如图1-5所示。

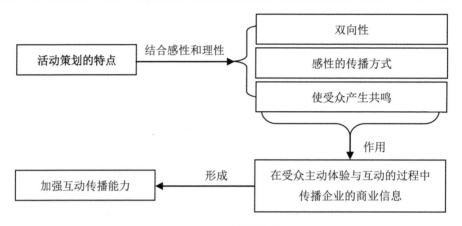

图1-5 活动策划的特点

企业若想在活动策划中实现商业信息的传播，就必须要抓住"体验点"来设计活动策划，让受众在活动中有一个难忘的、喜欢的体验，这既能提高受众的参与度，又能在受众的体验过程中巧妙地将企业的商业信息传递给受众。

1.2.2 受限制度比较小

活动策划受常见因素的限制较小，如图1-6所示。

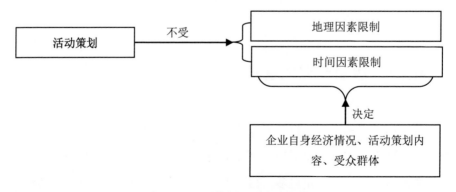

图1-6 活动策划不受常见限制

1.2.3 增加品牌知名度

一般来说，活动策划都是围绕一个特定主题开展的，开展活动主题的作用如图 1-7 所示。

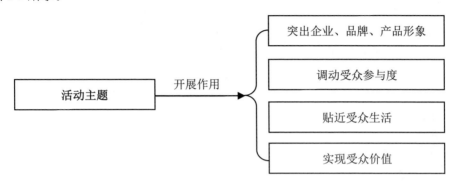

图 1-7　开展活动主题的作用

活动主题的开展是为在受众心中增加企业品牌知名度做铺垫，若能让受众积极参与活动，在精神层面和物质层面感到满足，那么就会对企业的公关效应产生特别明显的作用。

例如，某饮料企业在微博、微信等平台上多次策划活动，吸引受众的注意力，最终让它的产品品牌成为人们耳熟能详的饮料品牌。图 1-8 为某台词瓶子的分享活动。

图 1-8　某台词瓶子的分享活动

又如，OPPO 曾在微博上发布"转发微博就送钟汉良演唱会门票"的活动（见图 1-9），当时的转发量有 6190 条，这就说明此次活动策划的效果还是很不错的。该活动的宣传被人们主动传播了 6190 次，并且抓住了粉丝心理，以送明星演唱会门票的方式获取明星粉丝的好感，大大增加了品牌的知名度。

图 1-9　OPPO"转发微博就送钟汉良演唱会门票"活动

1.2.4　受众范围比较广

一般来说，活动策划的受众范围是比较广的。当然，企业在进行活动策划的过程中，还需要从自己用户群体的需求、特点出发进行策划，这样策划出来的活动才不会出现"冷场"的情况。

在活动开展的过程中，只要活动足够吸引人，那么企业产品的潜在用户、之前对企业产品不感兴趣的用户就会愿意主动参与到活动当中去，由此无形之中就会为企业扩大用户群体范围。

例如，手机品牌 HTC 邀请某明星在自家门店与粉丝交流对某手机的体验感，并请明星来演示手机的各项功能，吸引了大量经过该手机门店的路人纷纷上前观望。这样的活动就是利用了明星的名气来吸引明星粉丝、对明星感兴趣的路人及喜欢凑热闹的人群。图 1-10 为某明星在 HTC 门店正在宣传活动。

图 1-10　某明星在 HTC 门店宣传活动

1.2.5　成本较低成效好

无论是在电视上还是网络上，绝大多数的广告费都很高昂，特别是对于那些小型企业来说，推广产品的广告费是一笔较大的支出，如图 1-11 所示。

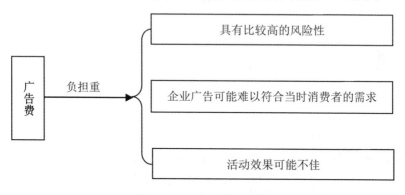

图 1-11　负担重的广告费

相对来说，以活动的方式进行产品推广的成本比较低，其效果也更加明显，企业受益程度要比"冰冷"的广告强几十倍。图 1-12 列举了企业和受众在活动中能获得的好处。

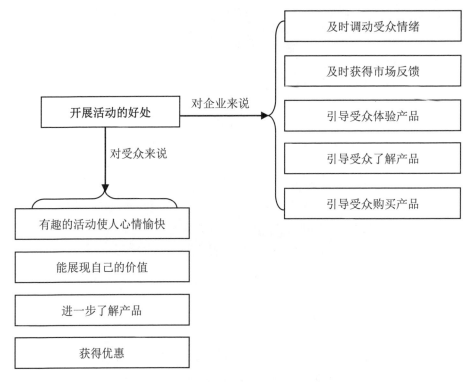

图 1-12　企业和受众在活动中能获得的好处

1.3　深知：活动策划的作用

活动策划之所以被各大企业所看重，是因为它能有效提升企业品牌在消费者心中的美誉度。下面就来进一步了解活动策划的作用。

1.3.1　调动受众参与性

一个好的活动策划能很大程度上调动受众的参与性，只有受众愿意参与活动，才有可能达到企业通过活动的方式向受众传播商业信息的目的。

例如，2016年支付宝在春节前夕推出"咻一咻集齐5福，平分2亿红包"的活动，大大调动了消费者的参与性，其活动介绍如图1-13所示。

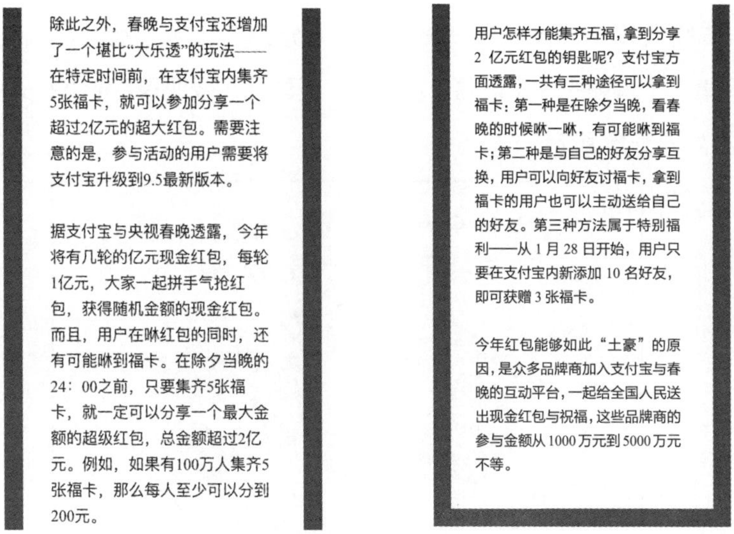

除此之外，春晚与支付宝还增加了一个堪比"大乐透"的玩法——在特定时间前，在支付宝内集齐5张福卡，就可以参加分享一个超过2亿元的超大红包。需要注意的是，参与活动的用户需要将支付宝升级到9.5最新版本。

据支付宝与央视春晚透露，今年将有几轮的亿元现金红包，每轮1亿元，大家一起拼手气抢红包，获得随机金额的现金红包。而且，用户在咻红包的同时，还有可能咻到福卡。在除夕当晚的24:00之前，只要集齐5张福卡，就一定可以分享一个最大金额的超级红包，总金额超过2亿元。例如，如果有100万人集齐5张福卡，那么每人至少可以分到200元。

用户怎样才能集齐五福，拿到分享2亿元红包的钥匙呢？支付宝方面透露，一共有三种途径可以拿到福卡：第一种是在除夕当晚，看春晚的时候咻一咻，有可能咻到福卡；第二种是与自己的好友分享互换，用户可以向好友讨福卡，拿到福卡的用户也可以主动送给自己的好友。第三种方法属于特别福利——从1月28日开始，用户只要在支付宝内新添加10名好友，即可获赠3张福卡。

今年红包能够如此"土豪"的原因，是众多品牌商加入支付宝与春晚的互动平台，一起给全国人民送出现金红包与祝福，这些品牌商的参与金额从1000万元到5000万元不等。

图1-13 支付宝"咻一咻集齐5福，平分2亿红包"活动介绍

支付宝的这次活动让支付宝产生了"11亿对好友关系链"，同时也为不少企业、商家提供了巨大的用户链。在春节联欢晚会期间，全国6.9亿观众守候收看春晚，其中支付宝"咻一咻"的次数达到了3245亿次，且在21点09分"咻一咻"峰值达到了210亿次/分钟，如图1-14所示。

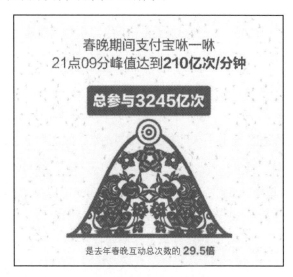

图1-14 春晚期间支付宝"咻一咻"的次数

在春节联欢晚会"咻一咻集齐5福,平分2亿红包"活动结束后,共有791 405人集齐了富强福、和谐福、友善福、爱国福、敬业福,最终每人平均分得271.66元,如图1-15所示。

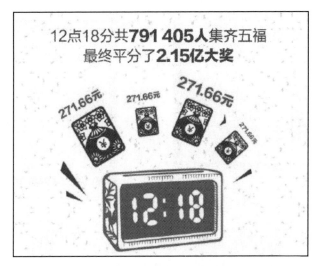

图1-15 "咻一咻"活动结果

1.3.2 提高品牌曝光率

对企业来说,一个好的活动策划就是一个提高企业品牌曝光率的有效渠道。当消费者积极参与活动时,就会对活动中出现的所有因素产生"自主注意"的意识,届时,企业在活动中注入的商业信息,就不仅不会让消费者产生厌恶的感觉,反而会让消费者更愿意接受,这样就达到了提高品牌曝光率的目的。例如,支付宝与45家品牌商联合推出"咻一咻送红包"活动,就使得这些品牌大受人们的关注。

在活动进行过程中,用户只要在支付宝"咻一咻"上咻到了红包,就能看到商家赠送的红包(见图1-16),且这些红包还被配上了祝福语,这样的方式既能提升获得者对商家的好感,又能促使获得者使用这些红包去消费。

在此次活动中,共有160多万人参与了众安保险的新春抢福袋活动。众安保险在此次活动中的收获如图1-17所示。

/ 第1章 / 走进活动策划的世界

图 1-16 在支付宝"咻一咻"上的商家红包

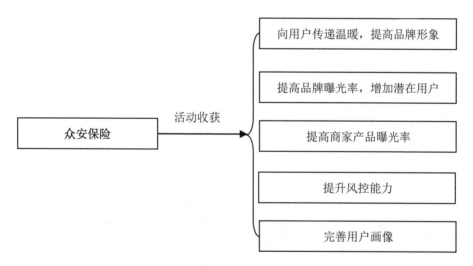

图 1-17 众安保险获得的活动收获

专家提醒

人们对于自己能受益的活动都是非常上心的,这种"爱占便宜"的心理并不是扭曲的,它是一种参与情怀,是一种人们在闲暇时光娱乐心情的表现。由此,支付宝与45家品牌商联合推出的"咻一咻送红包"活动,才会被人们所极大关注。

1.3.3 开发受众连接性

一个好的活动策划并不只是对企业有好处,对于参与活动的受众来说也是益处多多,最大的好处就在于其能开发受众之间的连接性,如图1-18所示。

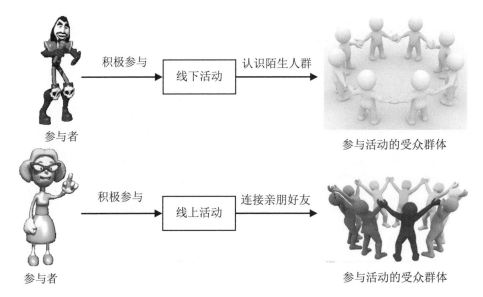

图 1-18 活动开发受众之间的连接性

从中可以看出,人们可以通过活动与自己的亲朋好友连接在一起,一同分享活动的快乐,也可以在活动中结交新的朋友,活动就好比是人与人之间加深感情的桥梁。

例如,在支付宝"咻一咻"抢红包活动中的受众连接性就非常突出。

❑ 人们可以在支付宝中首次添加10名好友,从而得到3张福卡,且用户与用户之间可以相互交换多余的福卡。这一设计可以让用户主动将自己的朋友引入支付宝,同时也能维护用户与用户之间的感情,图1-19为用户之间在交换福卡。

图 1-19　支付宝用户之间交换福卡

❑ 用户在"咻一咻"中咻中的红包可以分享给自己的支付宝好友，让好友共享好运气。图 1-20 为用户之间分享"咻一咻"红包。

图 1-20　支付宝用户之间分享"咻一咻"红包

❑ 在支付宝"咻一咻"的活动中，有 30% 的用户愿意将自己的福卡转送给自己的家人，这就说明活动参与者在活动中也能维护到自己的亲情，如

图 1-21 所示。

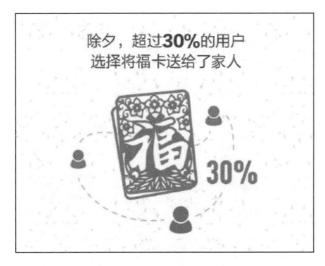

图 1-21　支付宝用户将福卡传递给自己的家人

❑　因为福卡和红包可以进行分享，于是就出现了用户打破空间限制与自己家人连接在一起的情况，将自己收到的"好福气""好运气"通过支付宝分享给自己的家人。图 1-22 为传递距离最远的福卡。

图 1-22　支付宝用户距离最远的福卡

**专家提醒**

通过图1-18可以看到,活动策划还可以分为以下两种类型。

- ❏ 线上活动:以互联网为基础,从PC端与移动端入手,打破空间、时间的限制,让参与者以活动为桥梁,连接远在他乡的朋友、亲人,进一步增添人与人之间的情感。

- ❏ 线下活动:以实际生活为基础,从室外互动入手,打破人与人之间的陌生感,让参与者在活动中放开芥蒂,与不熟悉的人一起愉快相处,拓展自己的人际关系。

第 2 章
厘清活动策划的思路

牢记：活动策划的要点
遵守：活动策划的原则
巧用：活动策划的理由
探究：活动策划的规则
熟悉：策划书常见规范
注意：活动策划的事项
明确：活动策划者的素质

2.1 牢记：活动策划的要点

策划活动是为了让活动变得有意义，能为企业达到某些目的。在活动从开展到结束的过程中，人员配备、活动地点、活动宣传等都是需要一定成本的，若企业不进行一番精心的策划就开展活动，那么很有可能就会出现活动成本增加、活动效果不明显等不利状况，到时企业真可谓是"赔了夫人又折兵"。

由此，企业需要牢记活动策划的要点，根据要点来进行活动的策划工作。下面就来了解这方面的内容。

2.1.1 要点一：策划活动总体方案

企业在进行活动策划之前，需要将活动总体方案简要策划出来，形成一个大体的活动雏形，便于为后续工作提供有效方向。

一般来说，在活动总体方案中至少要列出七个事项，如图2-1所示。

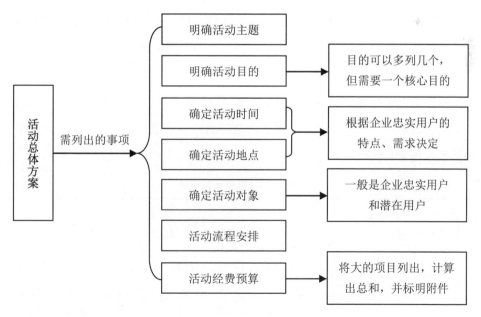

图 2-1 活动总体方案中需要列出的事项

在进行活动策划之前，活动总体方案无须太过详细，不要花太多时间在活动总体方案前期的准备上，只需满足三个要求即可，如图2-2所示。

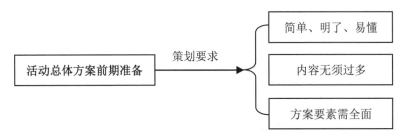

图 2-2　活动总体方案前期准备的策划要求

 **专家提醒**

活动策划前期的活动总体方案之所以无须做得很详细，是因为企业需要根据市场的变化、消费者购买习惯的变化、用户需求的变化等不可控制因素，进行活动方案的调整，从而推出受用户欢迎的、有趣的、有效的活动。

2.1.2　要点二：掌握活动整体预算

对于活动策划者来说，需要将活动的经费去向罗列清楚，只有这样才能把控好活动经费的支出情况，也能让活动审批者快速了解活动经费的去向，从而放心地将活动经费交给活动策划者来支配。

活动策划者需要根据活动类型、活动项目、企业具体情况来制作真实、合理、详细的活动整体预算表，例如，需要为某产品举办新品发布会活动，其活动整体预算表如表2-1所示。

表 2-1　活动整体预算表

活动名称	某产品新品发布会			
活动主题	将某新品正式向外推广			
用途	项目	单价	数量	总价
前期推广	在某电视节目上投放广告	45 000元/天	7天	315 000元
	制作传单	1元/张	10 000张	10 000元
	制作邀请卡	2元/张	100张	200元
场地租借	某酒店大厅	24 000元/天	1天	24 000元

续表

用　途	项　目	单　价	数　量	总　价
设备租借	椅子	5 元/张	200 张	1000 元
	摄影设备	3000 元/台	3 台	9000 元
	投影机	5000 元/个	1 个	5000 元
	桌子	10 元/张	10 张	100 元
	音响	400 元/个	4 个	1600 元
	话筒	5 元/个	4 个	20 元
食物	水	48 元/箱	10 箱	480 元
发布会上的节目	礼仪小姐走秀	400 元/人	10 人	4000 元
	专业串场节目	1000 元/次	3 次	3000 元
临时雇用劳务费	签到人员	100 元/人	4 人	400 元
	摄影师	300 元/人	3 人	900 元
	主持人	400 元/人	1 人	400 元
	保安	100 元/人	10 人	1000 元
	场地布置人员	200 元/人	15 人	3000 元
不可预计花费				9700 元
总计				388 800 元

活动策划者在制作活动整体预算表时，需要秉持以下四个原则进行，如图 2-3 所示。

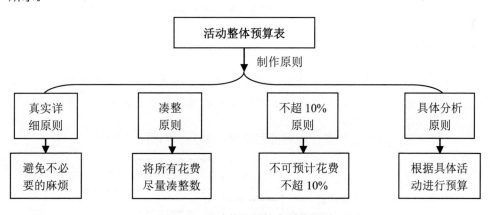

图 2-3　活动整体预算表制作原则

专家提醒

不可预计花费在活动整体预算表中是必须要有的，因为活动策划者在策划活动的过程中并不能保证实际操作与策划完全相符，多少都会有一些变动。因此，不可预计花费对活动策划者而言是一种"应对突发事件"的方案，且在凑整原则中，不可预计花费也发挥了重要作用。

2.1.3 要点三：制定活动工作安排表

制定活动工作安排表也是活动策划者所需要关注的问题，更是活动策划过程中不可缺少的一环，活动策划者需要将工作落实到以下三个部分，如图 2-4 所示。

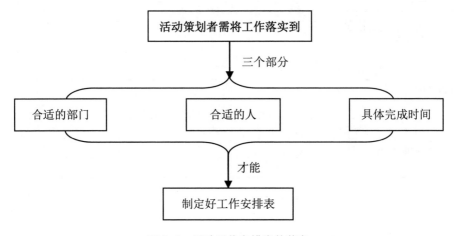

图 2-4　活动工作安排表的落实

专家提醒

活动策划者在进行活动工作安排时，需要细分工作安排表，严谨地将工作分配到合适的部门及合适的人手中，且要制定好合理的、具体的完成时间。

一般来说，活动工作安排表需要包括两个部分，如图 2-5 所示。

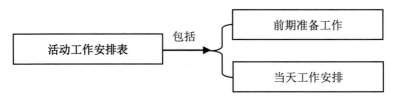

图 2-5　活动工作安排表的内容

还是以举办新品发布会活动为例，其活动工作安排表如表 2-2 所示。

表 2-2　活动工作安排表

活动名称	某产品新品发布会		
活动主题	将某新产品正式向外推广		
活动开始时间	2021 年 6 月 13 日 13:30		
用　　途	分配部门	时　　长	日　　期
确定会场	人事部门	5 天	2021 年 4 月 13 日—2021 年 4 月 17 日
会场购买使用物料	采购部门	两星期	2021 年 4 月 18 日—2021 年 5 月 1 日
发送邀请函	人事部门	一星期	2021 年 5 月 2 日—2021 年 5 月 8 日
会场设计	设计部门	两星期	2021 年 4 月 18 日—2021 年 5 月 1 日
会场布置	设计部门	三星期	2021 年 5 月 2 日—2021 年 5 月 22 日
检查会场	审检部门	三星期	2021 年 5 月 23 日—2021 年 6 月 13 日 12 点
临时雇用人才	人事部门	两星期	2021 年 5 月 18 日—2021 年 5 月 31 日
宣传广告	产品宣传部	一星期	2021 年 6 月 6 日—2021 年 6 月 12 日

专家提醒

活动策划者在进行工作安排时，最好将时间安排到分钟，越精确越好，这样可以避免出现工作落实慢的情况。

2.1.4　要点四：制定活动具体流程表

在活动策划中，活动具体流程表也非常重要，活动策划者需要将活动当天活动的流程安排到位，将活动内容一一列举出来，让领导、操作人员了解活动的整体流程，这样活动安排才会更加严谨，也才更加容易举办成功。

这里依然以新品发布会为例来大致了解活动具体流程表，如表 2-3 所示。

表 2-3　活动具体流程表

活动名称	某产品新品发布会	
活动主题	将某新产品正式向外推广	
活动开始时间	2021 年 6 月 13 日下午 13:30	
事　　件	时　　间	具 体 描 述
签到	13:30~14:00	记录参会媒体
主持开场白	14:30	主持人上台+轻音乐
节目	14:45	小型音乐会
介绍产品	13:15~14:30	介绍新产品的性能、生产背景等内容
主持人谢幕	14:35	主持人致谢幕词
发布会结束	14:40	发布会全部结束

 **专家提醒**

活动具体流程表需要根据活动内容进行合理制定，不要去套模板，应做出一个与本次活动内容相符的流程，且各个流程之间的时间一定要精确，将整个活动有序地连接起来。

2.1.5 要点五：获得活动举办评价

活动结束之后，最好是制作一个评估调查问卷，向受众以及参与活动的投放媒体来了解他们对活动的满意度，以便为以后的活动策划提供思路。

活动策划者在制作评估调查问卷时，需要明确两个内容：评估的目的、评估的内容。

活动策划者需要根据评估目的来展开评估内容的制定，常见的方法就是对整个活动进行评估，找出活动整体开展过程中的优缺点，积累经验，便于以后完善活动策划。

一般来说，活动策划者可以针对以下四个方面对活动进行评估，如图2-6所示。

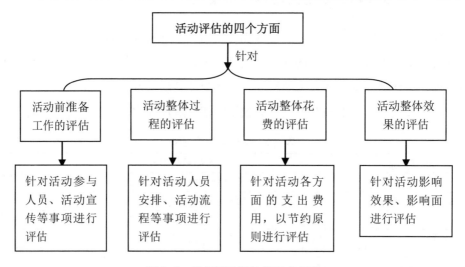

图 2-6 进行活动评估的四个方面

以某新品发布会为例，若要针对活动整体效果制作一个简单的评估调查问卷，可以从以下五个方面进行调查，如图2-7所示。

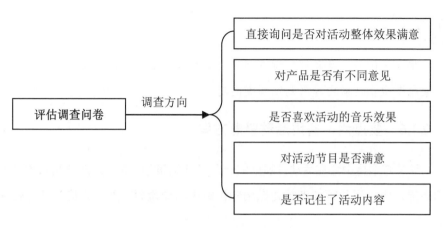

图 2-7 评估调查问卷的调查方向

下面就来看一下针对活动整体效果的评估调查问卷模板，如图 2-8 所示。

某新品发布会活动评估调查问卷
此栏写致谢言以及调查问卷的目的
1. 您对此次活动满意吗？　　　（　　） 　　A．很满意　　B．满意　　C．一般　　D．不满意 　　原因：_____ 2. 您喜欢此次活动的音乐效果吗？　　　（　　） 　　A．很喜欢　　B．喜欢　　C．一般　　D．不喜欢 　　原因：_____ 3. 您喜欢该产品的产品介绍吗？　　　（　　） 　　A．很喜欢　　B．喜欢　　C．一般　　D．不喜欢 　　原因：_____ 4. 您愿意购买该产品吗？　　　（　　） 　　A．愿意　　B．不愿意　　C．一般 　　原因：_____

图 2-8　活动评估调查问卷模板

**专家提醒**

值得注意的是，活动评估调查问卷中的内容不要太长，尽量简短，且评估调查问卷需要根据活动内容来制定调查问题。

2.1.6 要点六：备用活动紧急方案

活动总方案至少会在活动开展前的一个月开始策划，由于无法预测活动当天发生的事情，所以活动策划者需要做出一份备用活动紧急方案，来应对变化带来的难题。

一般来说，备用活动紧急方案与活动总方案大致相同，主要是为了一些不可控因素而制定的应急方案。例如，总方案的活动场地是室外，若活动当天可能下雨，则可在备用方案中将活动场地改成室内或在室外加一个雨棚；若在活动当天可能会遇到情绪比较激动的受众，就需要有应对的话术或聘用保安维护现场秩序等。

2.2 遵守：活动策划的原则

活动策划者在进行活动策划时，一定要以以下原则为基础，这样才能策划出一个好的活动。

2.2.1 原则一：可进行操作

所谓可进行操作原则，是指策划者要从实际情况出发，要从科学角度出发来策划出可操性强、具有吸引力的活动方案，如图2-9所示。

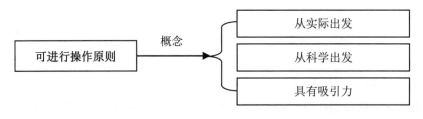

图2-9　可进行操作原则

> **专家提醒**
>
> 可进行操作原则的六个特点若能全部体现在一个活动中,那么此活动在一定程度上就能够达到活动的预期目标和效果。

一般来说,确定一份活动策划方案是否遵循可进行操作原则,可从以下三个方面进行分析,如图 2-10 所示。

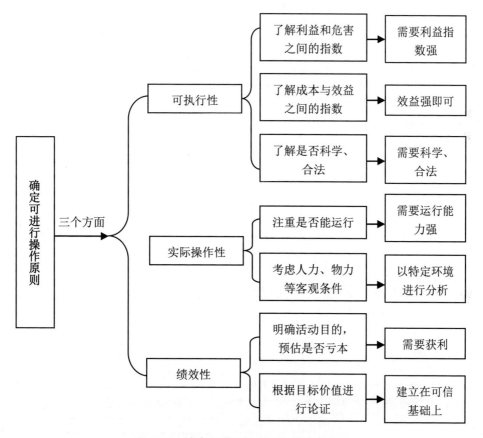

图 2-10 确定可进行操作原则的三个方面

2.2.2 原则二:体现创新性

如今,企业利用活动进行营销已是一种司空见惯的手段。因此,活动策划者需要遵循体现活动创新性原则,在活动中嵌入一些能让人们感到新意十足的内容,这样就可以大大增加活动对人们的吸引力。

那么到底什么才是体现创新性原则呢？如图 2-11 所示。

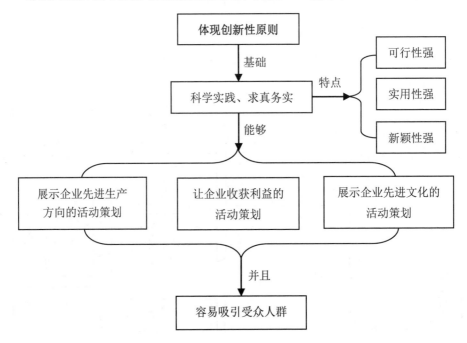

图 2-11　体现创新性原则的概念

值得注意的是，活动策划中的创新绝对不是指标新立异、胡乱策划，而是需要遵循以下三个要点，如图 2-12 所示。

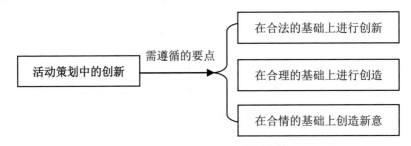

图 2-12　活动策划中的创新需遵循的要点

活动策划者在遵循体现创新性原则的同时，还需要注意三个事项，如图 2-13 所示。

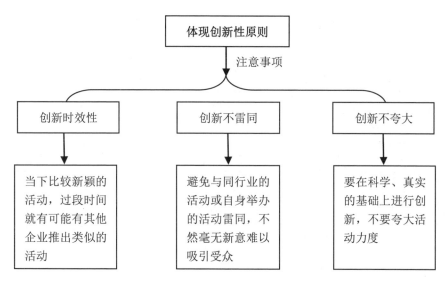

图 2-13 体现创新性原则的注意事项

2.2.3 原则三：积极参与性

所谓积极参与性原则，是指活动策划者在进行活动策划的过程中，需要将强参与性嵌入活动中，让受众积极参与活动，这样既能调动受众的情绪、聚焦人气，又能拉近受众与企业品牌之间的距离。

那么该如何策划出一个能够体现积极参与性原则的活动策划呢？如图 2-14 所示。

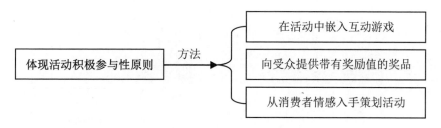

图 2-14 体现活动积极参与性原则的方法

2.2.4 原则四："草船借箭"

所谓"草船借箭"原则，是指借助热点时事等来策划活动，又称为"借势"原则。活动策划者可以从以下三个方面遵循"草船借箭"原则，如图 2-15 所示。

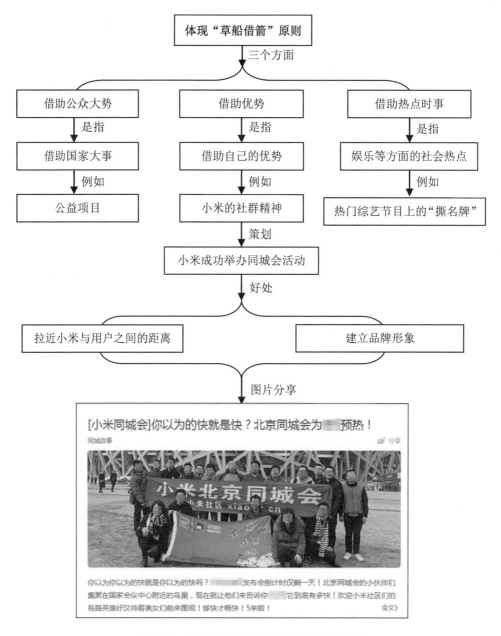

图 2-15 体现"草船借箭"原则的三个方面

2.2.5 原则五：吻合主题性

所谓吻合主题性原则，是指策划出来的活动需要与活动主题吻合，不能脱离主题范围。除此之外，活动中的所有节目气氛都需要与设定的活动主题相符。

例如，举办一场新品发布会活动，若在活动中加入过于搞笑的节目，则与主题气氛不相符，届时受众可能只会记住搞笑节目的笑点，而不会记住新品的优点、性能等方面。

2.2.6 原则六：精准针对性

所谓精准针对性原则，是指活动策划者在进行活动策划的过程中，需要明确内容策划方向、策划定位及具体目的，并根据这些因素进行精准的、有针对性的策划，这样策划出来的活动才更具有可操作性。

一般来说，活动策划者针对以下三个因素进行活动策划，即可实现精准针对性原则，如图 2-16 所示。

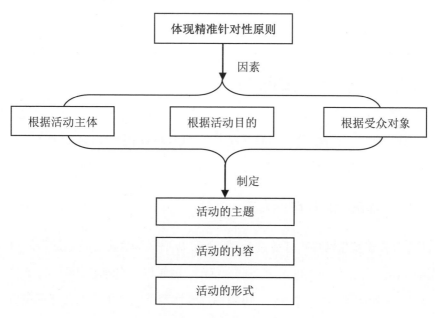

图 2-16 体现精准针对性原则的三个因素

2.2.7 原则七：把握宣传性

活动策划并不是将活动策划方案拟好就可以了，还要考虑活动宣传这一环节。一个好的活动策划需要一个好的活动宣传来号召受众，不然就会出现"空有一身好本领却无用武之地"的状况。

活动策划者可以从下面三个方面来进行活动宣传的把握，如图2-17所示。

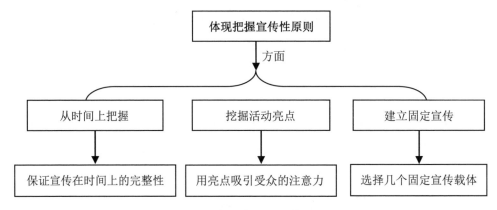

图 2-17　体现把握宣传性原则的三个方面

2.3　巧用：活动策划的理由

活动策划者在进行活动策划的过程中，可以以活动理由作为活动策划的推动力，这样可以大大增加活动的信服力。

2.3.1　理由一：以时间为主

不管是在现实生活中，还是在互联网上，以时间为理由都是活动策划非常常见的活动素材。例如，天猫的"双十一"活动，就是以一个固定时间（每年11月11日）来进行的促销活动，且活动力度是消费者所期待的，由此才会出现单日 912 亿元销售额的创举。图 2-18 为某天猫店铺的"双十一"活动宣传广告。

活动策划中所指的以时间为由并不单指日期，还可从以下两个方面出发来把握时间的概念，如图 2-19 所示。

图 2-18　某天猫店铺"双十一"活动宣传广告

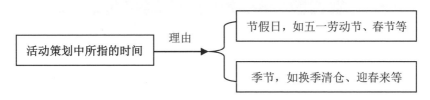

图 2-19　活动策划中所指的时间

2.3.2　理由二：以热点为主

实时热点是人们最为关注的话题，活动策划者可以借助它们的"热势"，来让自己策划的活动更加容易地受到人们的欢迎。那么，哪些实时热点可以作为活动策划的素材呢？我们可以从以下三点入手，如图 2-20 所示。

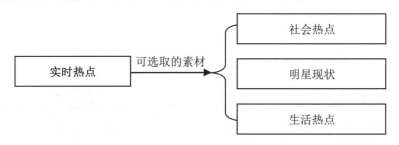

图 2-20　实时热点可选取的素材

2.3.3　理由三：以亮点为主

活动策划者还可以以产品的亮点作为策划活动的素材，来吸引受众的注意力。在现实生活中，新品发布会就是一个非常典型的以亮点为理由的活动类型。

例如，OPPO R7s 发布会就是以亮点"充电 5 分钟，通话 2 小时"作为活动素材来吸引各大媒体及粉丝的注意力，才得以举办成功的，如图 2-21 所示。

图 2-21　OPPO R7s 发布会

2.4　探究：活动策划的规则

有一些初出茅庐的活动策划者，在进行活动策划时总会遇到各种大大小小的问题，随着问题的积累，他们很容易备受打击，甚至出现自我贬低的情况，这样的心态是非常不可取的。

下面就来了解一下活动策划的规则，活动策划新手只要掌握了这些规则，就能在活动策划过程中避免许多问题的发生，为自己增加一些信心。

2.4.1　规则一：只需一个主题

活动策划者在进行活动策划时，只需要确定一个核心主题，并围绕此主题展开活动策划即可，应避免在一个活动中嵌入多个主题思想，这样策划出来的活动可操作性将会非常低。

一般来说，活动主题依据以下三点内容才能得以确定。

☐　从企业实际情况出发。

☐　根据市场发展状况进行确定。

☐　是目标受众所需要的内容。

2.4.2 规则二：直接说出利益

好的活动策划一般都会直截了当地告诉受众对其有利的方面，这样更容易让受众参与到活动当中来。

例如，举办一场优惠促销活动时，在宣传的过程中让受众直接了解到产品的优惠力度，这样就比较容易激发消费者的购买心理。

2.4.3 规则三：考虑执行能力

活动策划者在进行活动策划的过程中，需要注意从以下三个方面把控好活动是否具有执行能力，如图 2-22 所示。

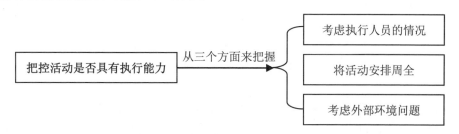

图 2-22 把控好活动的执行能力应注意的三个方面

2.4.4 规则四：转化活动类型

活动策划者不要只盯着一种活动类型进行策划，要转换活动类型，这样不仅能学会判断在正确的时间策划正确的活动类型，而且也能大大提高活动的可执行能力以及策划者的策划能力。

2.5 熟悉：策划书常见规范

活动策划者在进行活动策划时，还需要撰写活动策划书。下面就来了解活动策划书常见的撰写规范。

2.5.1 规范一：活动的名称

一般来说，策划书上的活动名称主要包含下列三点内容，如图 2-23 所示。

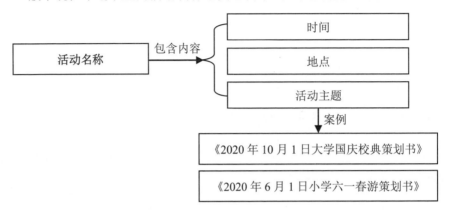

图 2-23 活动名称所包含的内容

2.5.2 规范二：活动的主题

在活动策划书上一定要明确活动主题，否则活动审批者就无法快速抓住重点，从而浪费时间。一般来说，活动主题最好控制在 300 字以内，其中应包括活动的目的、意义，势必要用最精简的语言，让活动审批者快速了解整个活动的核心内容。

2.5.3 规范三：活动的开展

在活动策划书中，活动的开展应包括以下四个部分，如图 2-24 所示。

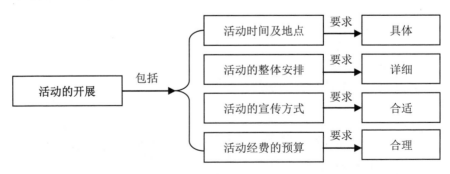

图 2-24 活动的开展所包含的内容

2.5.4 规范四：活动的要求

在活动策划书的结尾部分，要详细写出整个活动的要求，包括举办活动的注意事项，避免开展活动时出现可控性的错误。

2.6 注意：活动策划的事项

活动策划者在进行活动策划的过程中很容易遇到一些问题。下面就来了解一些注意事项，以让活动策划者规避这些问题。

2.6.1 事项一：明确受众对象

活动策划者在进行活动策划之前，一定要明确受众对象，且应围绕活动受众的需求、喜好来进行。

2.6.2 事项二：明确活动阶段

一般来说，活动都会以三个阶段进行，如图 2-25 所示。

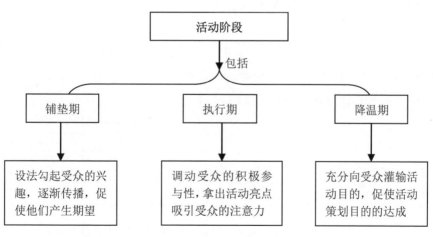

图 2-25 活动的三个阶段

2.7 明确：活动策划者的素质

活动策划者在进行活动策划的过程中，需要具备以下素质。

2.7.1 素质一：具有创新性思想

活动策划者需要具有创新性思想，这样才能让自己策划出来的活动更具亮点。创新性思想的作用如图 2-26 所示。

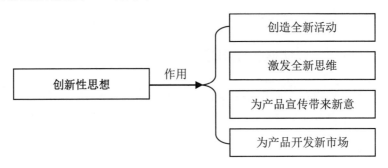

图 2-26　创新性思想的作用

2.7.2 素质二：具有强协调能力

活动策划者可以说是整个活动的"指挥员"，他们需要具有较强的协调能力才能更好地与其他人员相互交流，才能保证活动正常运行。那么，活动策划者的协调能力在活动中要如何体现呢？如图 2-27 所示。

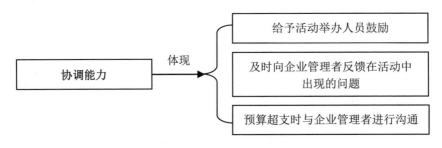

图 2-27　协调能力的体现

2.7.3 素质三：心理素质需强大

对于活动策划者来说，良好的心理素质是必须要具备的，特别是在处理突发事件上，更需要活动策划者具备强大的心理承受能力。下面就来了解一下活动策划者在心理素质方面需要做到的三点，如图 2-28 所示。

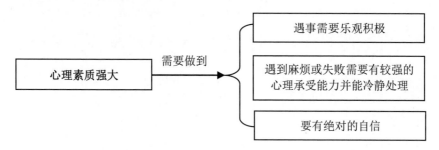

图 2-28　心理素质强大需要做到的三点

第 3 章
熟知活动策划的步骤

第一步：明确活动目的
第二步：清楚成本花费
第三步：初步策划活动
第四步：明确活动细节

3.1 第一步：明确活动目的

一般来说，活动类型不同，活动目的也会随之不同。下面就通过列举几个活动类型，来了解这些活动类型背后的活动目的。

3.1.1 众筹型活动

众筹是如今比较火的一种营销活动类型，它是指在特定时间内向消费者提供新产品的性能、特色、背景等方面的信息，并发起筹款活动，若筹款成功则给筹款人赠予各种礼物。

例如，针对在淘宝众筹网上的一个众筹项目"来自韩国的全能净化仪"，活动策划者设定了几个筹款，并且每个筹款都设定了不同的礼品，而这样的设定就是为了吸引用户支持筹款，如图 3-1 所示。

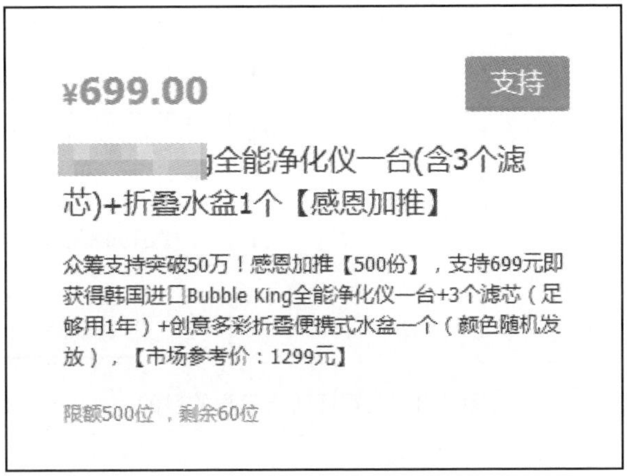

图 3-1 淘宝众筹网的众筹项目

此众筹活动也明确说明了企业筹款的目的，如图 3-2 所示。

下面就来了解众筹活动背后所隐含的活动目的，如图 3-3 所示。

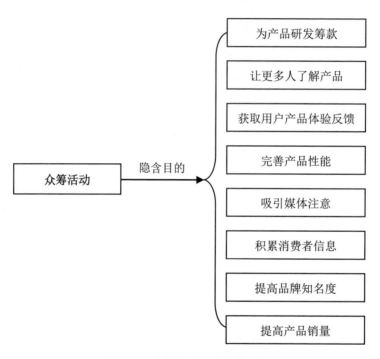

图 3-2　众筹活动的目的

图 3-3　众筹活动所隐含的目的

 **专家提醒**

　　众筹活动背后所隐含的目的并不只上文所说的那些，活动策划者需要有判断能力，看自己策划活动的类型是否属于众筹活动，若属于，则可策划，若不属于，则需要慎重考虑，选择合适的活动类型。

3.1.2 促销型活动

促销型活动，顾名思义，是指以产品促销为目的的活动类型。这类活动的策划要求其实并不高，一般在活动策划书中只要将以下四个方面的内容撰写清楚，那么获得活动审批者批准的可能性就比较大。

- ❑ 促销力度。
- ❑ 促销背景。
- ❑ 促销时间。
- ❑ 促销目的。

当然，促销型活动的目的并不只是为了促销产品，还可能有其他目的，促销型活动的目的如图 3-4 所示。

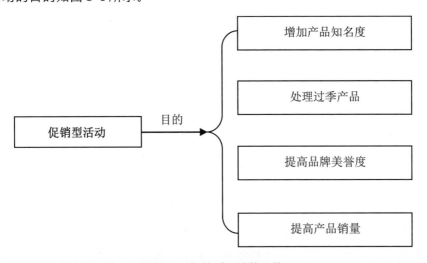

图 3-4　促销型活动的目的

3.1.3 内部型活动

一般企业还会以公司员工为受众举办内部活动。内部活动一般分为两种类型，且这两种类型的活动目的也各不相同，如图 3-5 所示。

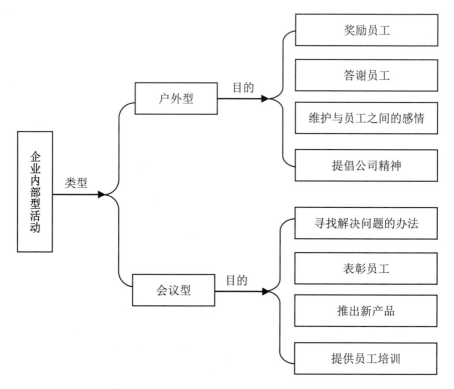

图 3-5　企业内部型活动的活动目的

3.2　第二步：清楚成本花费

在进行活动策划之前，活动策划者需要清楚活动中大概的成本花费，向活动审批者拟定资金保证，这样才能获得活动资金，而活动策划者需要按照活动资金预算来进行整个活动的策划。

3.2.1　估算成本

活动策划者在进行活动策划之前就必须估算出活动成本。当然，活动内容不同，活动成本的估算价格和估算要素也是不同的，这就需要活动策划者依靠日积月累的经验独立完全估算工作，否则就需要活动策划者在估算成本的过程中，多与其他部门人员沟通，征集大家的意见。

一般来说，活动的常用成本花费要素为十个，如图 3-6 所示。

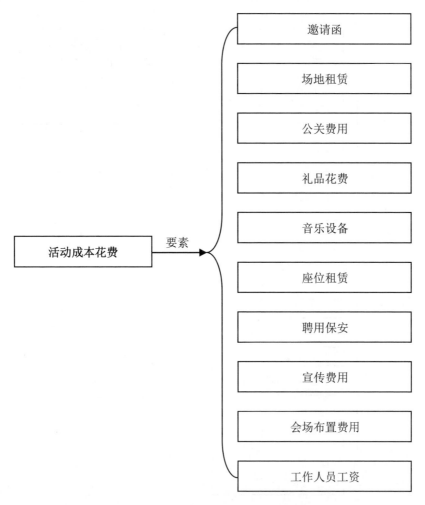

图 3-6　活动所需成本花费的要素

3.2.2　细算成本

活动策划者估算出大致活动所需成本后，还需要进行成本细算，以进一步保证活动成本花费的精准性。

例如，企业准备在酒店里邀请同行知名人士共进晚宴活动，这里不用考虑其他场所的成本费用，只需考虑在酒店内的花费情况，如图3-7所示。

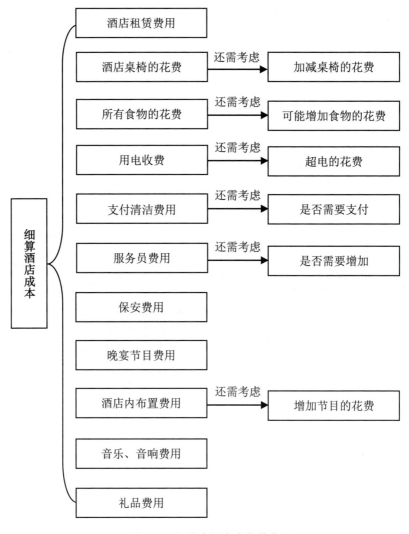

图3-7 细分在酒店内的花费

专家提醒

活动策划者需要根据策划的活动类型、目的、想要的效果来考虑各个方面的花费，最好在选择场地、节目等方面多列举几个成本细分表进行对比，看哪个场地、哪些节目既适合活动主题，又能节约成本。

3.3 第三步：初步策划活动

活动策划者在确定活动目的和活动成本花费之后，就需要进行初步的活动策划，逐步将活动策划成型。

3.3.1 组建活动策划团队

活动策划者在进行活动策划时，最好不要自己一个人埋头苦干，否则策划出来的活动就可能会出现各种偏差。因此，活动策划者需要组织一个团队一起完成一项活动的策划，团队人数可根据活动大小来确定。

- ❏ 一般小型活动需要十人以下即可。
- ❏ 大型活动则要根据活动的具体要求进行人数的拟定。

活动总策划者需要根据团队成员的性格、爱好、技能来分配任务，这样团队成员处理问题的效率就会比较高。

此外，活动总策划者还需要多召开会议，来征求团队成员对活动策划各方面的意见和看法，以及考虑是否需要求助外援。例如，聘请活动策划专业人士、公关公司、活动运营导演等，通过他们专业的视角来给活动添彩。

3.3.2 进行活动整体构思

组建起活动策划团队后就需要进行活动构思的工作。活动构思是整个活动策划过程中的关键部分，它与活动设计、活动成功运行、发现活动中的问题等方面共同组成了策划活动的整体。

活动策划团队在活动构思过程中，需要考虑以下九个问题，如图 3-8 所示。

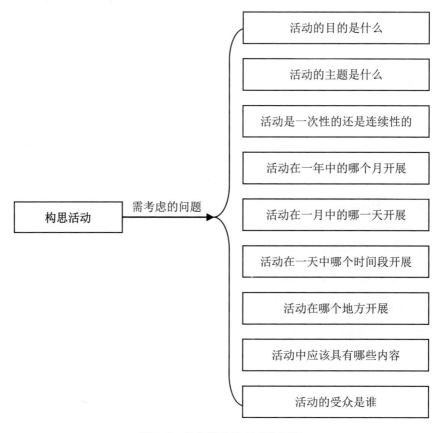

图 3-8　构思活动需考虑的问题

专家提醒

以上提到的这些问题只是一个大致的思路，活动策划团队需要根据具体问题进行具体活动构思，届时需要思考的问题也会不一样。总之，在构思活动的过程中，一定要确保活动流程能够有头有尾地进行。

3.3.3　确定活动类型

活动策划团队还需要确定好活动类型，这一般是根据活动目的进行确定的，有时一个目的可以对应多个活动类型，届时就需要活动策划团队首先考虑以下三个问题，再进行活动类型的选择。

❑ 活动目的适合哪些活动类型。

- ❏ 根据活动主题再次进行类型挑选。
- ❏ 根据企业经济能力进行类型选择。

例如，若企业的活动目的是提高品牌形象，则可以选择促销型活动、娱乐型活动、奖励型活动、众筹型活动等；若活动主题比较严谨，则可选择新闻发布会型活动；若企业经济能力有限，则可选择众筹型活动。

3.3.4 计算整体策划时间

在策划活动的过程中，总会遇到各种各样的问题，例如，难以找到合适的活动场地、难以联系合适的娱乐节目等。而解决这些问题是需要时间的。由此，活动策划团队需要将活动策划时间整体性地计算出来，避免出现时间不够用的状况。

活动策划团队在计算整体策划时间时，需要考虑以下三个问题。

- ❏ 确定策划、布置、举办活动的整体时间。
- ❏ 计算每个活动项目需要花费的时间。
- ❏ 解决已知问题所要花费的时间。

专家提醒

此外，活动策划者还需考虑活动安全、相关许可证等因素，确保活动得以完美展开。

3.4 第四步：明确活动细节

众所周知，细节决定成败，因此明确活动细节是活动策划过程中至为关键的一个步骤。下面就来了解活动细节方面需要注意的知识。

3.4.1 预留时间

活动策划时需要预留一部分时间来检查活动整体准备等情况，若发现问题也可用预留时间进行解决。

一般来说，预留时间可为 1~3 天，在预留时间阶段需要做两件事，如图 3-9 所示。

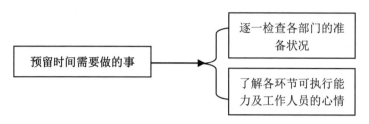

图 3-9　预留时间需要做的事

3.4.2　客人主次

活动策划者需要将邀请的客人列在表格中，再确认客人是否能如期到达。活动座位有前后顺序，一般需要将比较重要的客人安排到靠前的位置，然后按客人的主次进行座位的安排。

在邀请客人之前，还可以拟出两份客人名单，第一份名单是主要客人，第二份名单是次要客人，若主要客人有人不能如期到达，则可以立刻邀请次要客人进行补位，如图 3-10 所示。

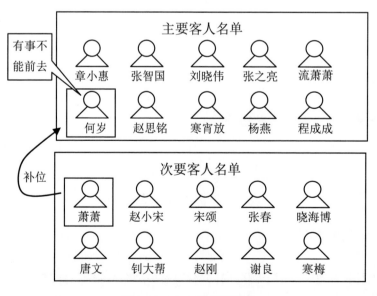

图 3-10　主次客人补位图

3.4.3 人员调配

除需合理调配活动的工作人员之外，还需要让其注意以下四个方面的要求。

- ❑ 衣着方面的要求。
- ❑ 行为举止方面的要求。
- ❑ 礼节方面的要求。
- ❑ 处事风格方面的要求。

第 4 章
掌握策划的核心内容

/

选择合适的时间
选择合适的地点
进行合适的宣传
制定合适的流程

4.1 选择合适的时间

对于活动策划来说，时间是核心部分之一，时间的选择是否合适影响着活动策划的成功程度。下面就来进一步了解活动策划中时间的选择。

4.1.1 时间的作用

时间对于活动策划来说具有非常大的作用力，若时间选择得不够恰当，就会影响活动的举办效果；若时间选择得十分恰当，则会成为推动活动成功的利器。图 4-1 为时间在活动策划中的作用。

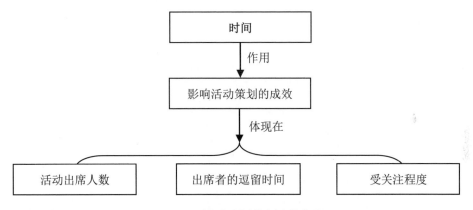

图 4-1　时间在活动策划中的作用

例如，若活动时间安排在工作日的晚上，由于出席者第二天多需要上早班，会出现出席者逗留时间短的情况，因此活动很难在出席者心中留下深刻的印象，活动效果也会不佳。

4.1.2 时间的阶段

一般来说，活动时间分为三个阶段，如图 4-2 所示。这三个阶段都需要根据两个方面进行时间的选择。图 4-3 为时间三阶段之间的关系与制定时间的两个方面。

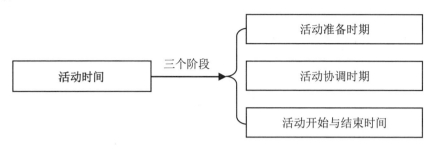

图 4-2　活动时间的三个阶段

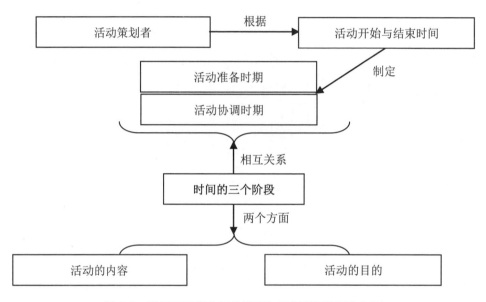

图 4-3　时间三阶段之间的关系与制定时间的两个方面

专家提醒

在活动策划书、邀请卡、宣传广告中，一定要将活动开始与结束时间撰写清楚，这样既能让活动审批者了解活动的具体时长，又能让出席者准时出席活动。

4.1.3　考虑的因素

活动策划者在制定活动时间时需要考虑的问题如图 4-4 所示。

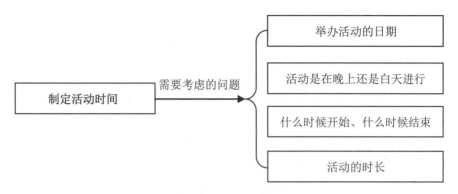

图 4-4 制定活动时间需要考虑的问题

活动策划者在制定活动时间时需要考虑的因素如表 4-1 所示。

表 4-1 制定活动时间需要考虑的因素

因素	需要考虑的因素
出席者	避开出席者的工作日时间,最好选择星期五晚上到星期天下午的时间段
主讲人	若主讲人是公司高管,则需要考虑主讲人的时间安排
天气	天气不好会影响主讲人、出席者、工作人员的心情,且影响出行,很有可能会让人们产生不出席活动的念头
高峰期	若在工作日进行活动,则需要避免在下班高峰期结束
生活习惯	活动开展时间不要太早或太晚,历时不宜过长,一般控制在 1~2 小时即可
风俗习惯	若主要出席者是外国人或者是宗教信仰人士,就需要注意他们所忌讳的数字,或者考虑是否冲撞了宗教活动。例如,信奉伊斯兰教的人会在每年 3 月 12 日举行圣会活动,若企业在该日举办活动,那就不可能邀请到信奉伊斯兰教的出席者
选择节日	活动最好能借助节日来烘托气氛。不过像春节这样的节日,大家都希望和家人在一起过年,若是在这样的节日举办活动,则难以邀请到出席者

4.2 选择合适的地点

地点的选择将决定活动策划的影响效果,若在合适的地点进行活动,则活动效果会非常显著;若在不合适的地点进行活动,则活动效果会大打折扣。因此,在活动策划中地点也是核心要素之一。

4.2.1 地点的作用

地点的选择在活动策划中是必不可少的一环,若没有这一环,活动策划就会犹如无水之源、无本之木。下面就来了解地点在活动策划中的作用,如图 4-5 所示。

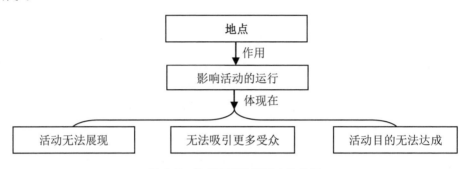

图 4-5 地点在活动策划中的作用

4.2.2 考虑的因素

活动策划者在进行活动地点的选择时,需要考虑的因素有很多,其中首要考虑的因素就是根据活动类型来选择地点,如图 4-6 所示。

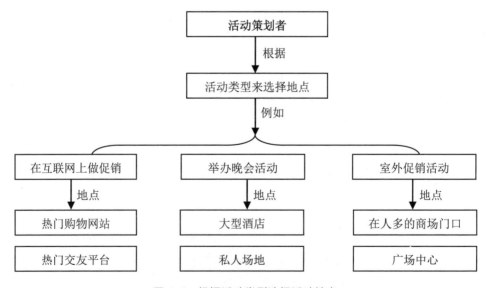

图 4-6 根据活动类型选择活动地点

此外，活动策划者在选择活动地点时，还需要考虑成本问题，如图4-7所示。

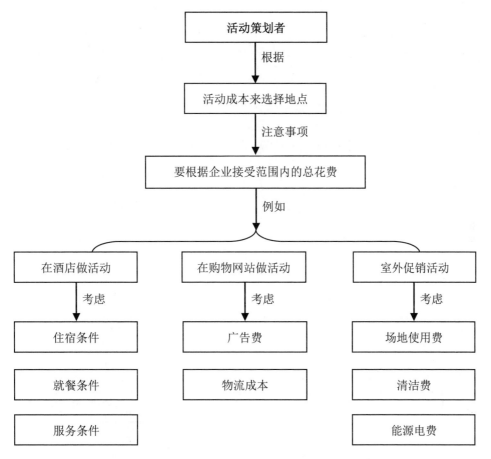

图4-7 选择活动地点需要考虑成本问题

再有，活动策划者在选择活动地点时，还需要考虑地址问题，如图4-8所示。

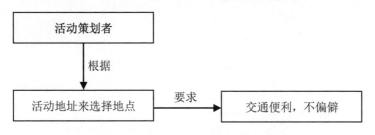

图4-8 选择活动地点需要考虑地址问题

专家提醒

活动策划者在选择地点时，千万不要随意选择，一定要从各方面进行考虑，如地点的人流量、地点的地理位置等，势必挑选出一个最适合活动的地点。

活动策划者即使选定了一个地点，也不能放松对地点的考量，同时还需要考虑其他方面的问题，如图4-9所示。

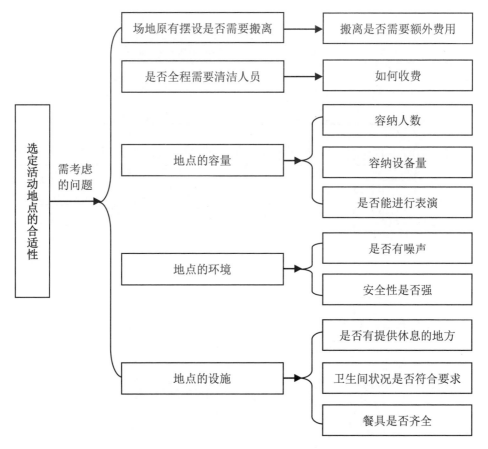

图4-9　选定活动地点需要考虑的其他问题

专家提醒

活动策划者选定活动地点后，需要将自己所考虑的事项全都写在合同中，与活动场地租赁方签订好合同，保障活动不会出现上面提到的各种问题。

4.3 进行合适的宣传

对于活动策划来说,活动的宣传方式是活动成功的前提,当宣传效应非常好时,活动成功率就会很高;若宣传效应不佳,则势必会影响到活动效果。

4.3.1 宣传的作用

活动宣传的主要作用在于吸引人流量,让人们知晓企业活动的存在,只有这样才能提高活动的成功率。在活动策划书中将活动的宣传手段讲述出来,则是说服活动审批者同意活动举办的一项基本因素。

下面就来了解一下活动宣传的作用,如图4-10所示。

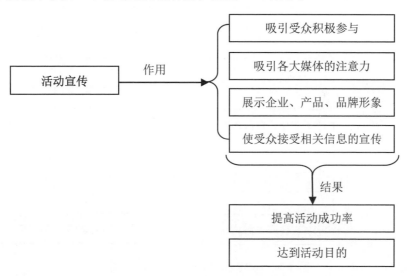

图4-10 活动宣传的作用

4.3.2 考虑的因素

活动策划者在选择宣传渠道时,需要考虑渠道是否能为活动带来最大化的宣传效果,否则活动宣传就会变成一种又"烧钱"又"无用"的活动策划策略。活动策划者在选择宣传渠道时需要考虑以下三个问题，如图4-11所示。

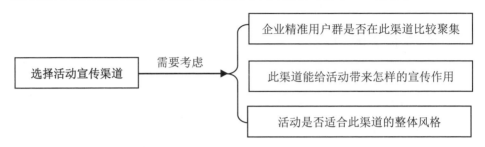

图4-11　选择活动宣传渠道时需要考虑的三个问题

活动策划者在制定活动宣传策略时，需要在宣传策略中嵌入六大特色，才会使活动吸引人们的注意力，如图4-12所示。

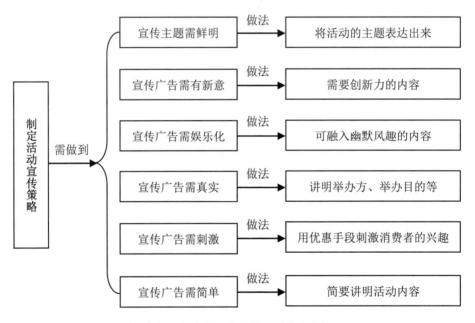

图4-12　制定活动宣传策略时的六大特色

4.3.3　宣传的方式

活动的宣传方式多种多样，活动策划者若想在众多宣传方式中选出最合适的，则需要从以下三个方面考虑，如图4-13所示。

/ 第 4 章 / 掌握策划的核心内容

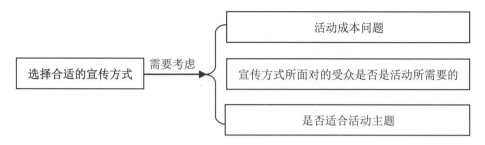

图 4-13　选择合适的宣传方式需要考虑的问题

当然，活动策划者还需要对活动常见的宣传方式有一定的了解，才能从客观上进行选择。下面就来了解活动宣传的常见方式。

1. 微信朋友圈宣传

很多活动策划者很喜欢将活动放在微信朋友圈中做宣传，这样既能节省一定的成本，又能在自己的朋友之间产生一定的口碑效应，如图 4-14 所示。

图 4-14　微信朋友圈宣传

2. 热门互联网载体

一般来说，热门互联网载体是指像微博、微信、QQ、淘宝网、京东等网民们喜爱逗留的平台。活动策划者将活动宣传广告投放到这些载体上，往往比较容易获得人流量。而如果将宣传广告投放到淘宝、京东这类购物网站，就需要花费一些广告费用。广告投放的位置不同，费用收取的方式与金额也不同，活动策划者需要权衡活动成本来进行选择。

像在微博、微信、QQ 这样的社交软件上投放宣传广告有以下两种方式。

❑ 付费投放。

❑ 免费投放。

对于那些资金比较紧缺的企业来说，免费投放比较实用。此外，每个社交软件投放广告的地点是不一样的，下面就以 QQ 为例进行说明，如图 4-15 所示。

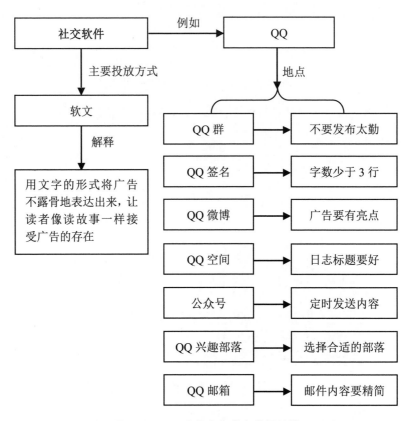

图 4-15　QQ 宣传广告的免费投放地

对于那些资金比较宽裕的企业，可以选择淘宝、京东这样的购物聚集地来宣传促销类的活动，如图 4-16 所示。

图 4-16　付费宣传广告

3．发放宣传单

活动策划者可以通过市场调查，选择人流量较多且企业目标客户较为集中的地方发放宣传单，而发放宣传单的时间最好避开工作日，且在 9:10~11:00 和 15:00~16:30 的时间段内，发放传单的效果比较好。

需要注意的是，宣传单上一定要有以下六大要素，这样才能让受众更了解活动，对活动更感兴趣，如图 4-17 所示。

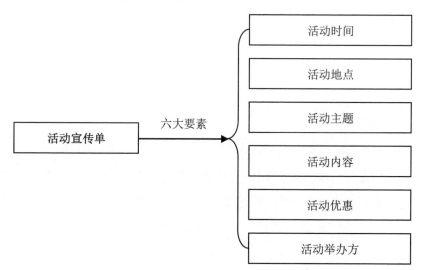

图 4-17　活动宣传单上的六大要素

活动宣传单不要设计得太复杂，要么简单大方，让人一眼看上去非常舒适，要么幽默风趣，让人过目难忘，总之要做得比较特别些，让人们拿到手上就忍不住想去了解活动内容，如图 4-18 所示。

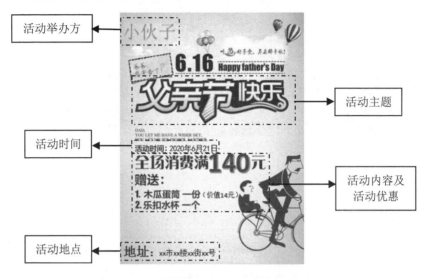

图 4-18　活动宣传单

> **专家提醒**
>
> 活动策划者需要根据企业各方面的因素对活动宣传方式进行选择，实事求是地对活动进行介绍，这样才会起到良好的宣传效果。

4.4　制定合适的流程

活动流程是否合理、是否精密，会影响到整个活动在执行过程中的运行程度。下面就来了解活动策划流程是如何制定的。

4.4.1　制定的要点

活动策划者在制定活动流程时，不能随意将一些毫无关系的流程环节拼凑在一起，否则活动策划书是很难被企业管理者所采纳的。

👤 **专家提醒**

所谓活动流程,是指将一个个环节紧密连接起来形成一个活动,并使得活动在整体运行方面具有逻辑关系。

制定活动流程需要掌握四个要点,如图 4-19 所示。

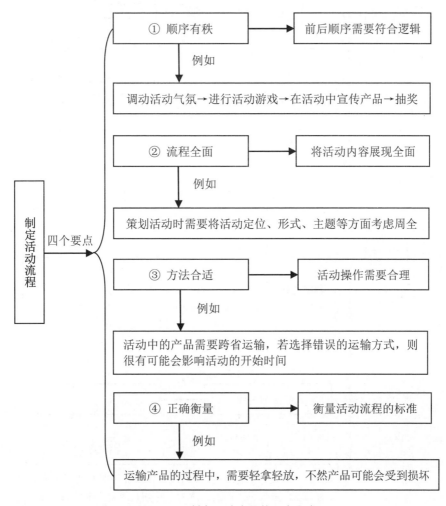

图 4-19 制定活动流程的四个要点

4.4.2 制定的要素

这里讲的活动策划流程,不单是指活动的执行流程,还包括活动策划的整体流程，只有将整个活动从策划到执行结合在一起，才能策划出一个容易引人注意的活动。下面就来了解在策划活动整体流程时需要考虑的几大要素，如图4-20所示。

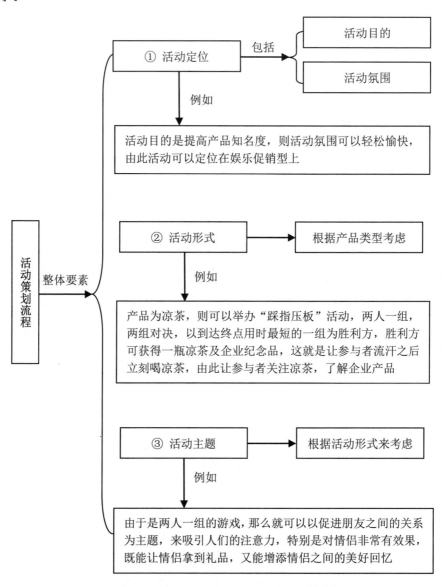

图4-20 策划活动整体流程时需要考虑的要素

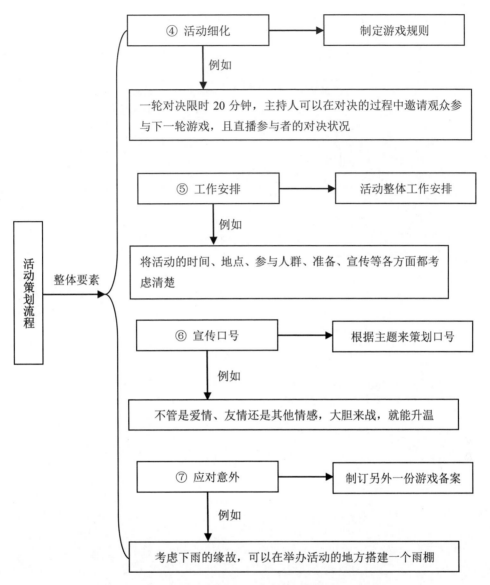

图 4-20 策划活动整体流程时需要考虑的要素（续）

第 5 章
电商活动策划

电商活动策划
团购活动策划

5.1 电商活动策划

随着移动互联网、信息化物流、数字金融等多方面的技术发展，一种新的商业模式应运而生，这就是电子商务。而不管是实体商务还是电子商务，追求利益都是第一要点，于是自然少不了营销活动。本节就来为大家详解电商活动策划。

5.1.1 电商活动概述

随着信息化的发展，互联网越来越普及，网上购物已不再只是一种潮流，而是渐渐变成了人们的生活习惯。根据相关数据显示，我国的网购销售额始终在稳定增长，而且不只是在城镇，就连乡村地区的人们也开始习惯并喜欢上了网上购物。

随之增长的不仅仅是电商网购的受众，电商平台也在如雨后春笋般应运而生。网店数量逐年上涨，越来越多的实体店铺和企业开始向电商转型，开设网店的低门槛也让越来越多的人向电商方面投资发展，一些有地方特色产品的乡镇地区也在政府的支持下迈入了电商领域。

只要有商业活动，就会有营销活动。而随着电商的发展，人们对于营销活动的需求势必也会越来越大，这也是电商活动的发展趋势所在。接下来，笔者将从两个方面带领大家来了解电商活动的内容、须知及策划技巧。

1. 电商活动的内容

营销活动集推广、传播和销售为一体，与立足于互联网的电商的契合度非常高。伴随着电商的快速发展，电商营销活动也衍生出了许多类型。常见的主要有以下六种类型。

（1）促销活动

促销活动的形式很简单，一般都是直接以商品打折降价为活动主题，其目的是快速出售商品。所以这种类型的活动常出现于商品在时间上不易持续保留卖点的电商行业中，如食品和服装。

（2）优惠活动

优惠活动中的优惠内容一般是针对特定人群的，因为优惠并不会直接、无条件地送出，只有满足一定条件的消费者才能获得优惠。

优惠活动的目的可以有多种：或是为了促进销售，增加盈利；或是为了回馈用户，提高用户黏性；或是为了吸引新用户，拓宽客流。因此，优惠活动的形式也有很多，如满足消费条件就打折、根据消费金额直接减少相应支付金额、会员客户享受特别优惠等。

（3）抢购活动

抢购活动通常的形式是在一定时间内低价销售热门商品，其活动目的主要是盈利，即用抢购的方式，将有限的优惠作为点燃消费者购买欲望的诱因，以此来获得最大化的利润。

（4）联动活动

联动活动的形式一般是两家以上的品牌进行联合销售，它们可以是同行业但产品特点不同的品牌，也可以是关联行业的品牌。联动活动的目的主要是借助多家品牌的汇聚，用多样化选择来吸引消费者，以此扩大品牌影响力。

（5）专题活动

专题活动通常以活动主题来吸引消费者，而这个主题通常是重要节日或时事热点。活动形式围绕活动主题展开，如妇女节的专题活动，就可以将大奖设置为3.8折的热门商品。专题活动的目的不需要根据活动主题进行变化，可以随主办方需求而定，但通常都为了充分利用节日期间人们的消费热情，以节日为专题而开展的活动，其目的都是盈利。

（6）调查活动

调查活动的形式是将品牌产品或网店特色产品作为奖品，以此来吸引消费者填写问卷，这既获得了消费者的反馈信息，又在无形之中宣传了品牌。调查活动的目的是调研消费者的相关信息，为电商以后的活动做准备。

2. 电商活动中文案的作用

文案在任何营销活动中都发挥着重要而关键的作用，对于电商活动来说也不例外。没有文案的营销就像失去血肉的骨架、失去叶片的枯枝，让人不忍直视。所以在进行电商活动的策划时一定要重视文案的作用。文案对电商活动的作用主要表现在宣传方面。

宣传工作一直是文案的主场，文案在电商活动的宣传工作中起着重要的作用。详细清晰地介绍电商活动的信息很重要，但文案在电商活动宣传中的作用不止于此，它还可以使接受宣传的受众对活动产生兴趣，进而使其产生参加活动的欲望。要做到这一点，电商活动文案可以从以下三个方面着手。

- ❑ 展示亮点，让文案将活动本身独特或者稀有的优势展示出来，以此吸引受众参与活动。
- ❑ 可以从直接说明利益方面去吸引受众，因为利益始终是最能吸引人的因素。
- ❑ 可以运用文字游戏的手法，通过极具诱惑力的文字去吸引受众。

5.1.2 电商活动须知

由于电商活动主要是在互联网上进行，所以除了一般营销活动常见的问题外，其还有需要特别注意的问题，具体内容如下。

1. 提前宣传

提前宣传是活动前期工作的重点之一，而对于电商营销活动来说，这一点尤为重要。电商营销活动策划者要想做好活动的前期宣传工作，需从以下三个方面下功夫。

（1）提前宣传要具有足够的吸引力

电商营销活动提前宣传的目的就是为活动引流。关于这一点，可以充分运用文案的作用，为提前宣传增加吸引力。

（2）提前宣传的宣传面要广

既然提前宣传是为了帮助活动引流，那么在多个平台多渠道引流肯定比死守一个引流渠道要好。对于大多数消费者而言，因为消费能力和消费需求有限，他们通常只会参加一两次同一时间段的电商活动，而电商营销活动的主要目的一般都是盈利，这时通过多种渠道广泛宣传以吸引更多的消费者，对提高电商营销活动的收益来说是十分有利的。

（3）提前宣传立争深入人心

因为互联网用户拥有很高的自主选择权，电商营销活动就不可能像人们家门口门店的营销活动那样，让人能够时刻感受到。所以，电商营销活动的提前宣传最好能深入人心，这样不仅能让互联网用户在有消费需求时首先想到活动，还能在一定程度上为日后的活动积累人气。

2. 了解需求

在互联网上举办活动的一大特点就是，活动参与者拥有极高的自主性，他们在参加活动时几乎不受外界影响，可以自主选择获取信息。这就使电商营销活动参与者既可以随时参加活动，也可以随时离开，因此需要活动主办方十分了解目标受众的需求，当受众的需求得不到满足时，往往就是他们离开活动之时。受众的需求主要体现在以下两方面，如图 5-1 所示。

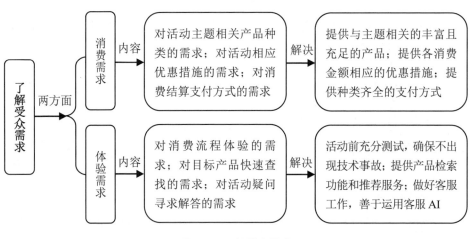

图 5-1　了解受众需求

3. 创新设计

创新是活动成功的催化剂，在策划电商活动时，活动策划者需注意创新设计。

合理的创新设计不仅能让所策划的电商营销活动事半功倍，还往往能为活动的主办方带来意想不到的收获。要对电商活动进行创新设计，可以从以下三方面考虑。

（1）观念创新

当下社会，概念包装变得十分流行，任何事物都倾向于向"高大上"的概念上靠拢。这些"高大上"的概念包装就是观念创新的结果——创新人们固有的观念，让产品被人们重新认识，增加产品的新鲜感。如，活动策划者在创新电商活动的观念时，可以将购物与时尚结合起来，提出"时尚购物"的观念来吸引受众参加活动。

（2）环节创新

环节创新是电商活动创新的重要一环，也是电商活动创新最好入手的一环。活动策划者可以将一些新技术或新元素融入活动环节去实现创新。例如，在电商活动的结算支付环节中就可以引入近年来兴起的网上金融服务，让消费者不必担心资金不足，可以尽情地参与活动。

（3）模式创新

电商活动模式的创新对活动效果的影响非常大，好的模式创新可以增加活动的新鲜感，促进活动成功，但不适合的模式创新也会使活动的收益大打折扣。所以，活动策划者在创新活动模式时需谨慎，最好从解决问题的角度去创新活动模式，而不要只是为了创新而创新。

一年一度的大型电商活动"双十二"就是一个很值得活动策划者在进行活动模式创新时借鉴参考的例子。

"双十二"对活动模式的创新之处就在于其一改以往电商平台"先决定降价打折的幅度和参与活动商品的种类，受众参与活动后再选择需要的商品"这一模式，而是创造性地让受众去选择他们需要的商品，同时受众还可以提出对该商品的优惠建议。这样的创新不仅满足了受众的需求，还增加了受众对活动的参与度，大大提高了受众参与活动的积极性。

5.1.3 电商活动策划技巧

电商活动是目前互联网上举办极为频繁的活动，而许多其他类型的活动，如众筹活动、团购活动等也不甘寂寞，这些活动的本质目的也和电商活动一样是为了盈利。在众多同质化活动信息的"轰炸"下，部分互联网用户对各类营销活动难免会产生抵触心理。

这时就需要活动策划者运用一些技巧手段来化解此类难题。下面就介绍三种常用的电商活动策划技巧。

1. 折扣优惠

折扣优惠是策划电商活动时最常用的技巧之一，利益的诱惑是最直接也是最有效的，特别是没有任何附加条件的折扣优惠对消费者来说就更具诱惑力。

电商活动策划者在设置优惠内容时可以运用"一元钱"策略。"一元钱"策略利用的是人的心理感受差异，99元和100元明明只相差一元钱，但多数人的第一感受都是两者属于两个阶段的价位。

因此，在制定电商营销活动的优惠价格时，可以多使用"一元钱"策略，并配上"仅售""只要"等文字修饰，往往可以更加突出优惠力度。

2. 满足个性化需求

频繁的电商活动之所以会引起一部分人的反感，并不是因为活动信息像山寨页游广告一样会主动弹窗，占据视野，然后强行宣传。相反，很多电商活动的网页广告色彩并不明显，甚至还位于页面的边缘角落。

电商活动引起部分人反感的原因是这些活动往往不能满足受众个性化的需求，这些需求有的是对某种产品的需求，有的是对产品类型的需求，有的甚至只是对产品颜色的需求。

因此，电商活动的产品不仅要种类丰富，最好还要能满足受众的个性化需求，如果产品确实无法满足，活动最好可以提供替代产品或是解决方案。

比如，在一次科技产品电商活动中，某位受众看中了某一款手机，但该款手机没有该受众想要的颜色，这时就可以向该受众推荐该手机配套的不同颜色的手机壳，以此来满足该受众对手机颜色的个性化需求。

3．传播概念

传播概念是一个电商活动策划中的进阶技巧，它的运用虽比前两个技巧更需注意细节，但带来的成效也更明显。概念的传播可以让电商活动实现定期举办的可能，也能让活动与某些意义联系起来，显得更有价值。

有巧克力的情人节营销活动就属于比较成功的传播概念的活动案例。节日与营销活动很早就联系在了一起，一过节就会出现各种营销活动已经成为常态。但情人节的营销活动在各节日的营销活动中显得有些特别，因为情人节似乎已经和巧克力联系在了一起，这一概念不知不觉就被传播开来，因此情人节也是巧克力商家营销的高峰期。

5.1.4 【实战案例】"双十一"活动策划

提到电商营销活动，就不可避免地要提到"双十一"。作为国内最成功、规模最大的电商营销活动，"双十一"活动自然有许多值得大家借鉴学习的独到之处，这里列举三点，具体分析如下。

1．宣传独到

宣传是电商活动中重要的一环，宣传到位可使活动事半功倍，"双十一"电商营销活动在宣传上的经验就十分值得大家学习。

"双十一"本来指的是每年11月11日在网络上盛行的一个名为"光棍节"的节日。阿里巴巴公司很快发现了这个网络节日的商业潜力——光棍节的主题是摆脱单身生活，响应这个主题的多数是年轻群体，他们易于也乐于接受新鲜事物，并具备一定的消费能力和较为强烈的消费愿望。

阿里巴巴旗下最大的电商平台淘宝便紧扣光棍节主题进行宣传，力求将单身、爱情等光棍节热门词汇与网购联系在一起，推出了许多富有趣味且紧扣光棍节主题的广告宣传语。这些宣传语马上就在互联网上流行开来，为这个有一定热度却没有相应庆祝活动的节日制造出了举办活动的动机。随后光棍节"摆脱单身生活"的主题逐渐被淡化,而购物消费的主题却越来越得到强化。

从上述案例中大家可以看到,淘宝对于电商营销活动的宣传不仅仅是借势,更是一种赋予。通过对机会的把握,淘宝成功完成了反客为主的宣传。

2. 目标准确

找准目标用户对电商营销活动来说十分关键。虽然网络使电商营销活动的服务能力比一般门店营销活动的服务能力高出许多,但电商营销活动的服务能力始终是有限的,不可能满足每一位参与者的每一个需求。所以电商营销活动关注的重点始终应放在活动主题对应的参与受众身上,因为他们才是为活动带来盈利的主要力量。

"双十一"电商营销活动就十分准确地定位了目标用户。虽然淘宝一开始就想将"双十一"打造成迎合所有人的全球购物盛典,但初期的"双十一"买家和卖家都是雾里看花,不清楚这类大型综合电商营销活动的前景,所以最初参加"双十一"的电商都是一些销量比较好的、盈利有保障的零售类网店电商,而参加"双十一"的消费者也果然是以购买零售商品为主,如日用品、零售、服装等。第一届"双十一"的销售额虽然只有 0.5 亿元,但后来随着淘宝对目标受众的准确把握,"双十一"的规模不断扩大,最终发展成为全球性的网购盛典,淘宝"双十一"期间的销售额也逐年攀升。

3. 策略成熟

大型的电商营销活动也并不只有"双十一",除了"双十一"外还有很多其他大型电商营销活动,如"双十二""6·18"等。但最成功、最有影响力的还是"双十一",这主要得益于其成熟的活动策略。这些策略主要表现在以下三方面。

(1)宣传

淘宝作为我国最早兴起的电商平台和目前规模最大的电商平台,其在营销宣传方面的经验无疑是非常丰富和成熟的,同时淘宝也是"双十一"电商营销活动的缔造者和发起者,在"双十一"电商营销活动早期,淘宝充分运用自身的营销宣传经验,对"双十一"进行了大量且广泛的包装和宣传。

（2）形式

淘宝虽然是"双十一"电商营销活动的主办方，但它十分清楚自身的定位，知道网店才是"双十一"的活动主力，自身只需保障平台活动相关服务不出问题就可以了。因此淘宝给予了平台电商很大的活动自主性，活动期间电商可以独立确定诸如分期、返利、预购等多种各具特色的优惠形式。

这使得"双十一"活动与以往的电商营销活动不同，形式上变得更像是一场大型的网上集会，参与者在活动中就像在一场大型庙会上一样可以收获许多不同的惊喜体验，这让"双十一"活动在提供商品优惠的同时，还提供给了消费者独特的消费体验。

（3）观念

淘宝一手打造的"双十一"不仅将网购和每年的11月11日联系起来，灌输给人以"双十一"进行网购的观念，更是将自身和"双十一"紧密捆绑了起来。

以每年11月11日为噱头开展电商营销活动并不是淘宝的特有权利，其他电商平台也可以举办"双十一"营销活动，但这些电商平台在"双十一"活动时竞争不过淘宝，一方面是因为淘宝在用户、服务等方面的先天优势；另一方面是因为淘宝作为"双十一"电商营销活动的主要推动者，在历届"双十一"活动中都在不断地强化"双十一"与自身的联系，如每年"双十一"活动结束后淘宝都会公布本届"双十一"在淘宝平台上的销售额。

特别是淘宝的母公司阿里巴巴取得了"双十一"的注册商标并授权给旗下的淘宝、天猫独家使用，这一做法看似作用有限，其他平台并不会因为阿里为淘宝注册了"双十一"的商标就不能举办"双十一"电商营销活动，但通过这一行为，淘宝无疑向人们宣告了自身与"双十一"的紧密联系，无形之中向大众灌输了一种"双十一就要上淘宝"的观念。

5.2 团购活动策划

人们常见的团购网站有美团、大众点评等。那么到底什么是团购呢？团购是指商家以薄利多销的方式，让一群相互不相识的消费者联合起来，以人们单独购买享受不到的价格共同购买一类商品。

对于消费者来说，团购是一种比较实惠的消费体验，部分消费者早已习惯于经常团购物品，可见团购活动的市场有多么巨大。

5.2.1 团购活动的特点

活动策划者若想在互联网上开展团购活动，就必须要知道团购活动的特点，从而根据这些特点进行团购活动的策划工作，图 5-2 所示为团购活动的特点。

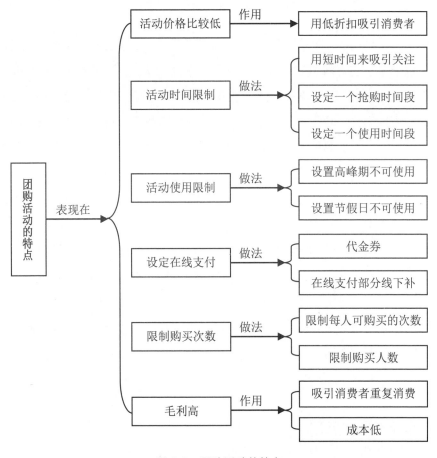

图 5-2 团购活动的特点

5.2.2 策划团购活动的技巧

其实团购活动就是一种促销行为，它最大的作用就在于提高品牌知名度，获得产品好评。活动策划者若想让自己策划的团购活动获得成功，首要任务就是选择一个好的互联网团购平台，为此，可以从以下三个因素进行考虑，如图 5-3 所示。

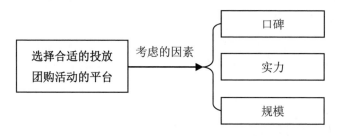

图 5-3　选择合适的投放团购活动的平台需考虑的因素

专家提醒

若团购平台口碑好，就证明此平台上的团购活动都很注重质量、没有参假的行为，消费者会更喜欢在这样的平台上进行团购；若团购平台实力强，则证明此团购平台宣传力度比较大，曝光率也比较高，与之合作，自家产品的宣传力度就会更大；若团购平台规模大，就证明此团购平台进驻商家多，平台备受商家的信任，且囊括市场较大，这样的团购平台实力往往也较为雄厚。

此外，活动策划者还可以在互联网上查看团购平台的市场份额，从而知晓消费者的青睐偏向。

专家提醒

活动策划者在了解团购平台的市场份额后，就可以挑选 2~3 个团购平台，了解商家入驻相关信息，关注入驻商家的收费情况，根据企业的经济状况来挑选一个合适的团购平台。

需要注意的是，团购活动的折扣力度一定要比平时大，只有这样消费者才愿

意在团购平台上参与活动。例如，某美食餐厅在美团上推出了"85元购买100元的代金券"活动，大大增加了产品的销量，可见这样的团购力度是消费者所喜欢的，如图5-4所示。

图5-4 美团上某美食商家开展的团购活动

除了注意活动折扣力度和合作平台之外，还需要注意活动的真实性和活动评价，这两方面也是决定团购活动是否成功的重要要素。

企业的团购活动一定要真实可靠，且不说合作方是否愿意合作，单就品牌形象来说，虚假的活动会极大损害品牌口碑，让消费者对企业、产品、品牌失望，届时企业就得不偿失了。

在确保团购活动真实可靠性方面企业可以根据三项原则来进行，如图5-5所示。

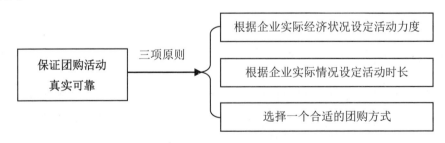

图5-5 保证团购活动真实可靠的原则

活动策划者在考虑清楚活动投放方面的事宜之后，就需要考虑维护问题，即评价。如今，每个团购平台都设有消费者评价功能，这个功能对企业和消费者有以下三个方面的好处。

- 具有推荐作用，消费者可以通过评价来判断是否进行购买。
- 具有实现自我价值的作用，消费者可以在平台上发表消费体验。
- 企业可以通过评价来了解消费者对商品的看法，以及商品需要改进的地方。

对于消费者而言，买家评价就是一盏"指路灯"，若全是好的评价，消费者就会愿意购买，若看到差评，消费者就很容易打消购买意向，因此，活动策划者需要想办法应对差评问题。

例如，面对消费者投诉商品分量少时，可以礼貌地将其做工工序说出来，让消费者明白分量是合理的，这样也能让其他消费者看到，避免出现误会。图 5-6 展示了某团购活动面对消费者抱怨"量太少"时的巧妙回复。

图 5-6　某团购活动面对消费者抱怨"量太少"时的巧妙回复

5.2.3　团购活动产品的描述

活动策划者在对团购活动产品进行描述时，需要以"详细"为核心，将活动细则都表现出来，这样才能让消费者了解活动的整个内容，避免发生误会。

下面就来了解一下团购活动产品描述需要具备的四大要素，如图5-7所示。

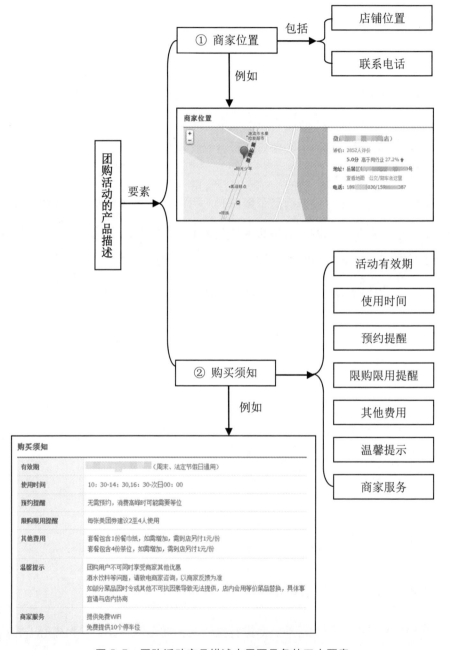

图 5-7　团购活动产品描述中需要具备的四大要素

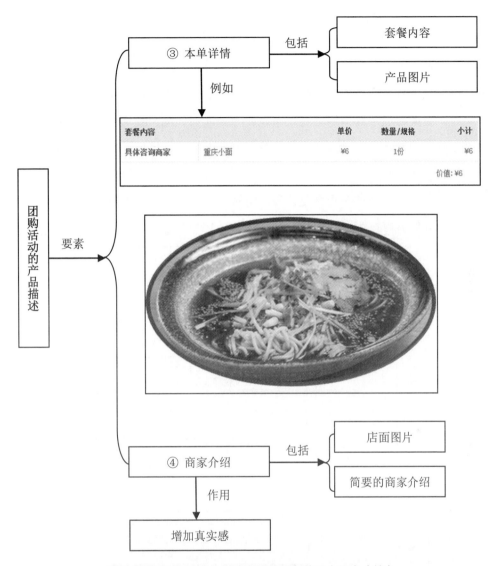

图 5-7　团购活动产品描述中需要具备的四大要素（续）

5.2.4 【实战案例】"某口味馆"团购活动策划书

下面就以在美团网上投放的"某口味馆"团购活动为例，模拟策划一份团购活动策划书——《"某口味馆"团购活动策划书》（由于采用图解形式会将活动策划内容呈现得更加清晰，因此下面的内容介绍会以图解形式呈现给大家）。

"某口味馆"团购活动策划书

一、前言

如今团购备受消费者的关注，对于实体店来说，团购是一种拓宽消费者人群的渠道，也是打造品牌口碑的有效渠道。于是我们针对"某口味馆"特色菜量身订做了一个团购活动，势必会将品牌推广出去，提高品牌知名度、产品好评率。

二、市场分析

【撰写指南】这部分主要是让活动审批者知道进行团购活动的好处，以及选定团购平台的原因，如图5-8所示。

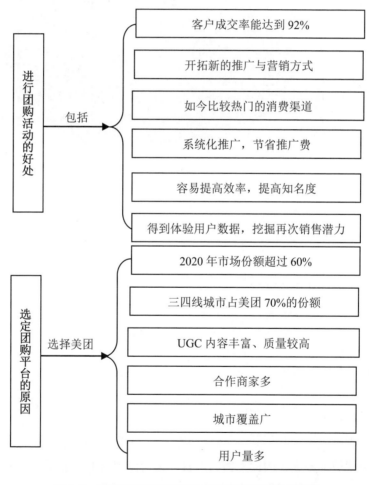

图5-8 进行团购活动的好处和选定团购平台的原因

三、活动内容

【撰写指南】这部分主要是将活动名称、时间、地点、目的等活动内容叙述清楚，如图 5-9 所示。

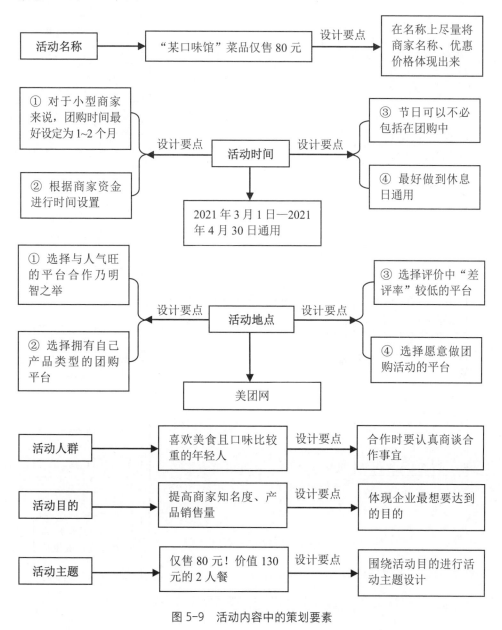

图 5-9　活动内容中的策划要素

四、活动运营

【撰写指南】这部分主要是将活动宣传方式和操作流程的内容叙述清楚，如图 5-10 和图 5-11 所示。

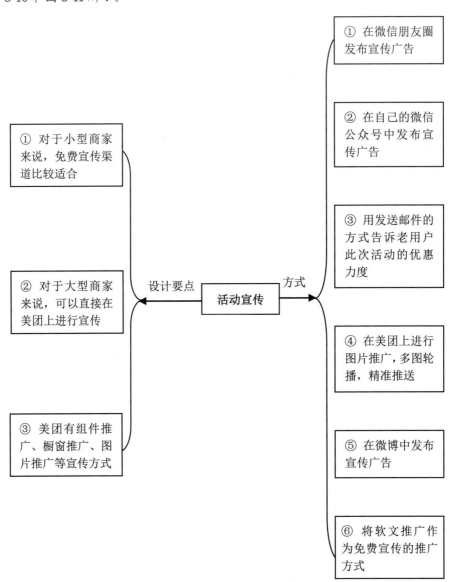

图 5-10　活动宣传方式

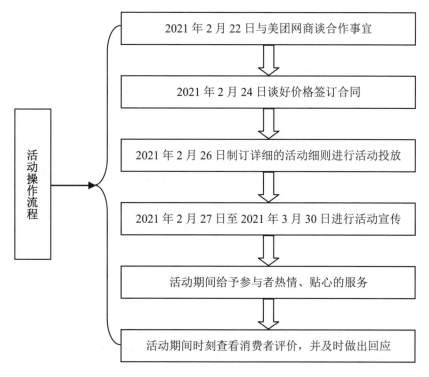

图 5-11 活动操作流程

五、活动细则

【撰写指南】这部分主要讲解活动中的产品描述,以及活动开展与参与日期、商家地址、联系方式等,如图 5-12 所示。

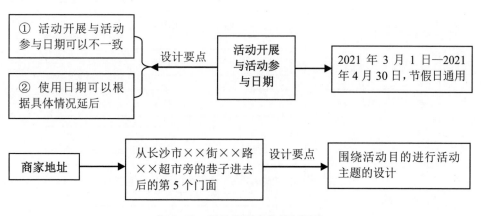

图 5-12 活动细则中的策划要素

活动策划实战攻略：
品牌推广+人气打造+实战案例

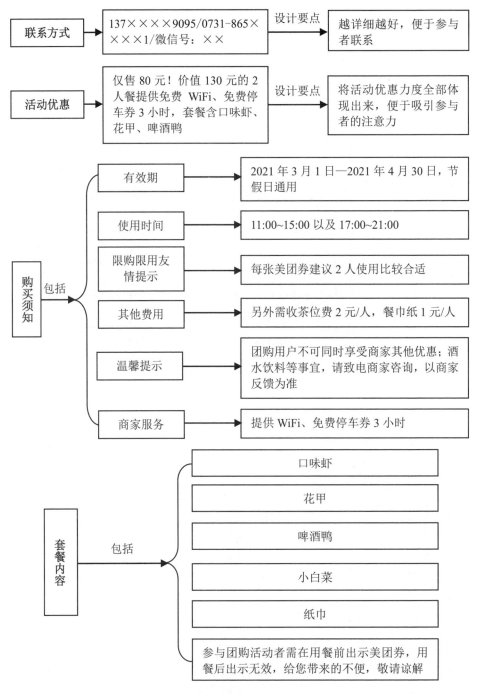

图 5-12　活动细则中的策划要素（续）

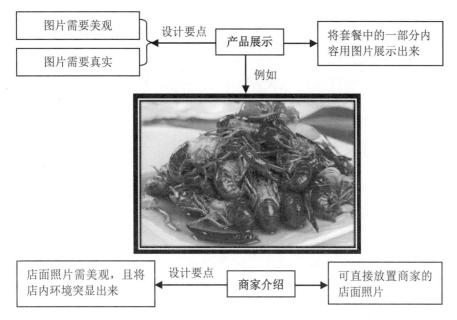

图 5-12 活动细则中的策划要素（续）

六、活动工作安排

【撰写指南】这部分主要讲述活动工作的整体安排，如表 5-1 所示。

表 5-1 活动工作安排表

责任部门	时间安排	主要事项
策划部	2021 年 2 月 15 日—2021 年 2 月 20 日	制作团购活动策划书，并等待审批
销售部	2021 年 2 月 22 日	与美团网商谈合作事宜
销售部	2021 年 2 月 23 日—2021 年 2 月 24 日	谈好价格签订合同
策划部	2021 年 2 月 25 日—2021 年 2 月 26 日	制订详细的活动细则进行投放
宣传部	2021 年 2 月 27 日—2021 年 3 月 30 日	进行活动宣传
服务部	2021 年 3 月 1 日—2021 年 4 月 30 日	从活动开始到结束，要做到以下两点： ❏ 服务部需要给前来消费的参与者提供好的服务 ❏ 对参与者的评价要一一回复

七、活动总结

【撰写指南】这部分要用总结性的话语来表达此次活动能达到的活动目的，如图 5-13 所示。

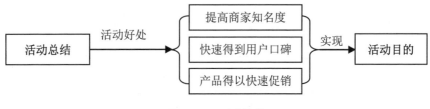

图 5-13　活动总结

【案例分析】

团购型活动策划书所涵盖的要素一般大致相同，通过《"某口味馆"团购活动策划书》可以发现，团购型活动策划书需要具备六大要素，如图 5-14 所示。

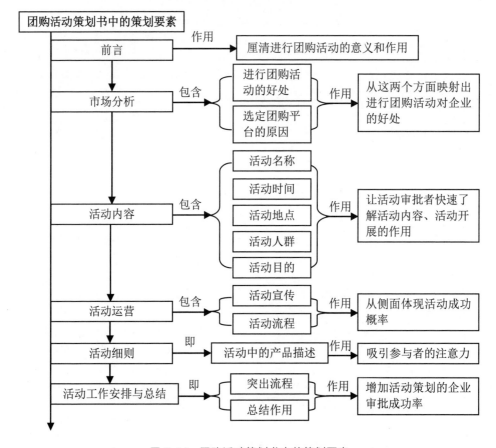

图 5-14　团购活动策划书中的策划要素

第 6 章
节假日活动策划

/

元宵节活动策划
情人节活动策划

6.1 元宵节活动策划

对于消费者来说,元宵节是一个看元宵喜乐会,跟家人一起"团团圆圆"的日子,而对于企业来说,元宵节却是进行促销活动的好时机。下面就来了解元宵节活动策划的相关内容。

6.1.1 元宵节活动的策划诀窍

活动策划者若想成功地策划一个好的元宵节活动,就必须要掌握下列四种诀窍,如图 6-1 所示。

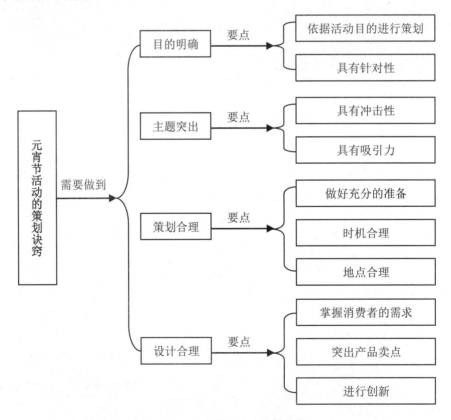

图 6-1 元宵节活动的策划诀窍

6.1.2 元宵节活动地点的选择

活动地点选择得是否合适,是决定元宵节活动能否成功的因素之一。活动策划者在进行元宵节活动策划时,针对活动地点的选择,需要考虑下面三个问题。

1. 活动风格

元宵节活动的风格需要从以下两方面去定位,之后便可依据不同的活动风格来确定合适的活动地点,如图 6-2 所示。

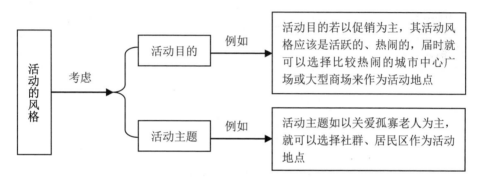

图 6-2　以活动风格来选择活动地点

2. 活动规格

元宵节活动地点的规格是以参与者的消费渠道来进行划分的,如图 6-3 所示。

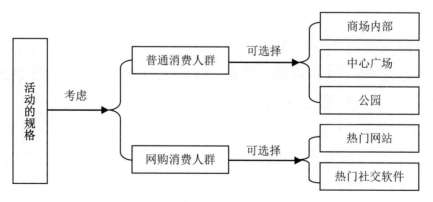

图 6-3　以活动规格来选择活动地点

3．活动规模

元宵节活动地点的规模是针对参与者的类型来判定的，如图6-4所示。

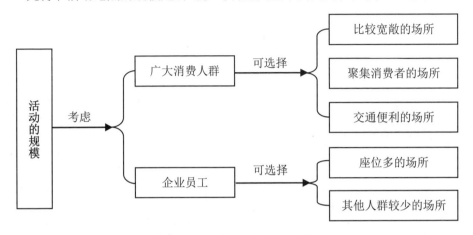

图6-4　以活动规模来选择活动地点

专家提醒

活动策划者在进行元宵节活动策划时，应该具体问题具体分析，从经济、需求方面出发，再考虑前面所说的"三个问题"，才能为活动挑选出一个合适的地点。

6.1.3　元宵节活动的重点

元宵节猜灯谜是一种富有民族风格的文娱形式，也是我国流传下来的节日习俗。由此，活动策划者可以将元宵节猜灯谜作为活动重点来吸引消费者的注意力，通过制定猜谜规则，以奖品作为"助力"，推动消费者积极参与活动。

若活动目的是促销产品，则可与商场合作，只要消费者在商场中当天消费额达到规定范围，且消费产品中包含企业指定产品，就可以参与元宵节猜灯谜活动，即使猜错了也会得到一份纪念品。

元宵节活动的作用如图6-5所示。

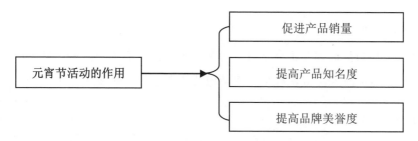

图 6-5　元宵节活动的作用

6.1.4　【实战案例】"张灯结彩"元宵节活动策划书

下面就来为某商场模拟一份元宵节活动策划书,即《"张灯结彩"元宵节活动策划书》,具体内容如下。

"张灯结彩"元宵节活动策划书

一、前言

元宵节又称"灯节",除了是家人坐在一起团团圆圆吃元宵的日子,也是人们挂灯笼、猜灯谜的有趣日子。本次活动就是想要借助元宵节的节日气氛为活动带来人气,提高产品曝光率,达到产品销售额上涨的目的。

二、活动目的

【撰写指南】这部分需要直接将活动的主要目的讲出来,让活动审批者在开始阅读活动策划书时就能立刻判断出此策划书的可行性,如图 6-6 所示。

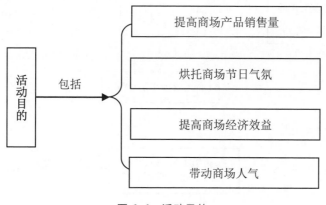

图 6-6　活动目的

三、活动内容

【撰写指南】这部分主要是将活动整体内容描述清楚，其中包括活动主题、活动时间、活动地点、活动对象、活动的具体内容等，如图 6-7 所示。

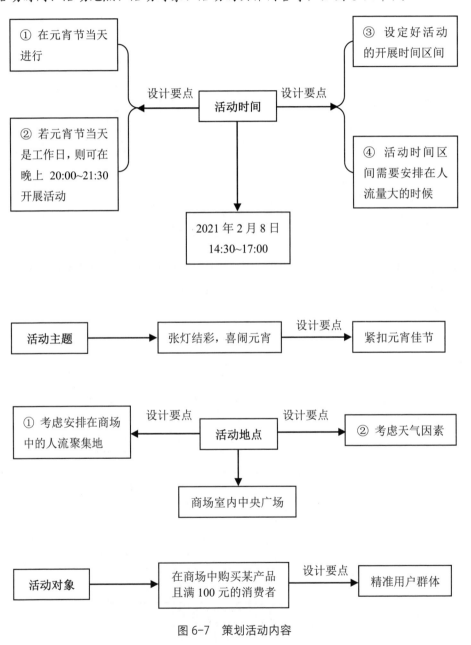

图 6-7　策划活动内容

/ 第6章 / 节假日活动策划

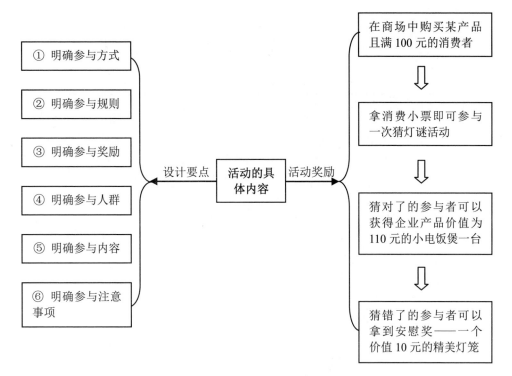

图6-7 策划活动内容（续）

四、场地布置

【撰写指南】这部分需要将活动场地的布置要求叙述清楚，如表6-1所示。

表6-1 活动场地布置要求

布置场地	布置要求	辅助工具	负责部门	完成日期
商场室内中央广场	① 摆放两块广告宣传牌 ② 用气球围住活动场地范围 ③ 在场地内挂50个灯笼，在灯笼下挂上灯谜纸	① 活动音响需要播放喜庆的音乐 ② 准备两个话筒 ③ 一张大长桌上放置50份礼品和50个精美灯笼 ④ 两支笔、一个本子用于记录获奖者的相关信息	采购部 楼面部 宣传部	2021年2月8日 8:30~12:00
商场室外中央广场	① 节日电子横幅1条 ② 广告宣传牌3块，放置在3个大门的前面	① 在商场店面内放置宣传单 ② 聘请人发送500张宣传单	宣传部	2021年2月8日 9:00~11:00

五、活动工作安排

【撰写指南】这部分需要将活动的工作安排叙述清楚,如表6-2所示。

表6-2 活动工作安排表

责任部门	时间安排	主要事项
宣传部	2021年2月1日—2021年2月8日 8:30~12:00	① 负责广告宣传牌、宣传单、电子横幅中宣传内容的制作 ② 招聘派单人员,监督派单进程 ③ 检查场地装饰布置
楼面部	2021年2月1日—2021年2月4日 8:30~12:00	① 保证场地清洁度 ② 保证活动过程中的安全性 ③ 做好活动礼品、活动相关工具的采购工作 ④ 布置场地 ⑤ 培训活动主持人、活动工作人员
财务部	2021年2月7日	① 根据活动情况准备相关发票 ② 做好采购预算

六、活动预算

【撰写指南】这部分需要将活动预算叙述清楚,如表6-3所示。

表6-3 活动预算表

活 动 名 称		"张灯结彩"元宵节活动		
活 动 主 题		张灯结彩,喜闹元宵		
用 途	项 目	单 价	数 量	总 价
前期推广	广告宣传牌	100元/块	5块	500元
	宣传单	2元/张	500张	1000元
设备租借	话筒	500元/支	2支	1000元
	音响	500元/台	2台	1000元
	桌子	700元/张	1张	700元
布置工具	气球	5元/包	100包	500元
	胶带	2元/个	10个	20元
	猜谜灯笼	3元/盏	50盏	150元
	猜谜纸	1元/沓	5沓	5元
礼品	小电饭煲	110元/台	50台	5500元
	精美灯笼	10元/盏	100盏	1000元
聘用人员	派单员	100元/名	10名	1000元
不可预计的花费				1615元
总计				13 990元

七、活动总结

【撰写指南】这部分需要活动策划者用总结性的话语来表达此次活动能达到的活动目的,如图6-8所示。

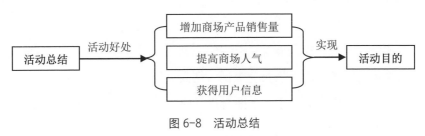

图6-8 活动总结

【案例分析】

元宵节活动策划书所涵盖的要素一般大致相同,通过《"张灯结彩"元宵节活动策划书》可以发现,元宵节活动策划书需要具备的七大要素,如图6-9所示。

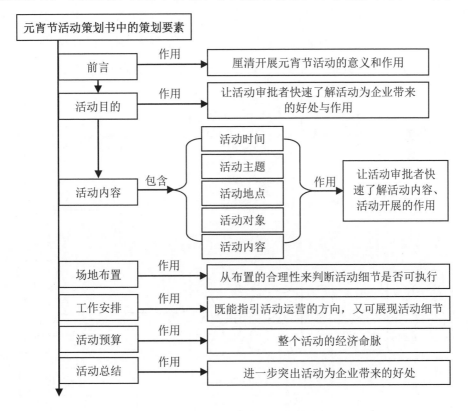

图6-9 元宵节活动策划书中的策划要素

6.2 情人节活动策划

对于消费者来说，情人节既是伴侣们纪念与庆祝恋爱的日子，也是与亲友们分享甜蜜生活的日子，而对于企业来说，情人节无疑是一个提高品牌知名度、产品人气度及产品销量的好日子。下面就来了解情人节活动策划的相关内容。

6.2.1 情人节活动的策划诀窍

企业在情人节当天一般都会开展营销活动，来吸引消费者的注意力。活动策划者需要做的并不仅仅是让活动审批者批准自己所策划的情人节活动，而是要在活动中策划出创意，让活动在当天显得与众不同，让参与者在活动结束后回味无穷。

策划者在进行情人节活动策划时，需要以发散性思维进行创意的收罗（见图 6-10），要将一个创意面细分、扩大、延伸、组合，形成最终创意。

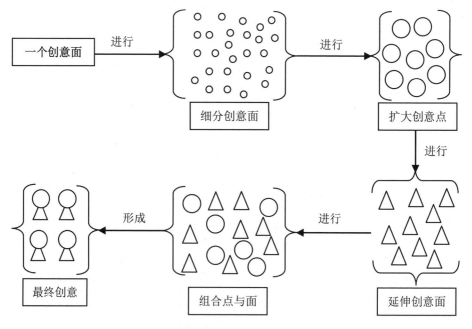

图 6-10 发散性思维的过程

专家提醒

活动策划者在进行发散性思维时,最为重要的就是想象力与理性思维的结合。所谓理性思维,就是根据市场变动,针对人群的了解,把握创意整体走向,只有在这样的基础上所产生出来的创意,才能真正为活动增添光彩。

6.2.2 策划前需要思考的问题

活动策划者无论是在进行情人节活动策划,还是在其他活动策划之前,都需要沉下心来问自己八个问题,之后再进行活动策划书的撰写,这样才会事半功倍,如图 6-11 所示。

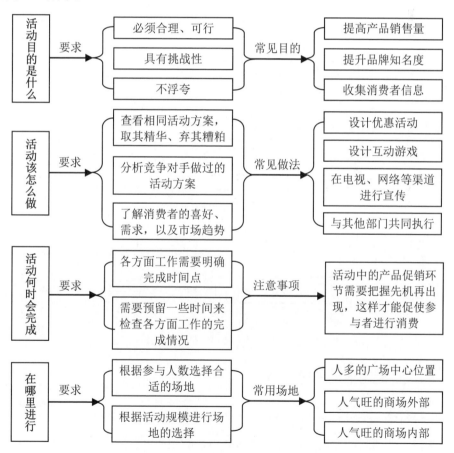

图 6-11 活动策划前需要思考的八个问题

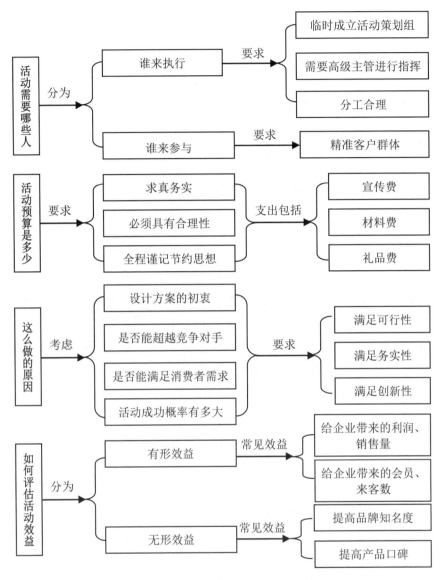

图6-11 活动策划前需要思考的八个问题（续）

6.2.3 控制活动的整体节奏

在进行情人节活动策划的过程中，要考虑活动整体节奏的连贯性、合理性，只有这样，活动才能在最大程度上调动参与者的积极性。

一般来说，可以从以下两个方面控制活动的整体节奏，如图6-12所示。

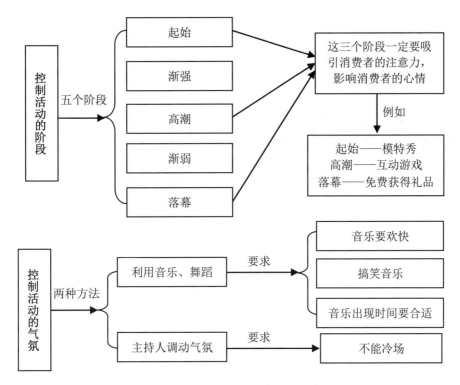

图 6-12 控制活动整体节奏的两个方面

专家提醒

活动气氛主要是从听觉和视觉上来进行调动的，欢快的音乐和动感的舞者能有效地唤起参与者的心理同步，增强参与者的参与感。

6.2.4 【实战案例】"丘比特之箭"情人节活动策划书

下面为某商场模拟一份情人节活动策划书，即《"丘比特之箭"情人节活动策划书》，具体内容如下。

"丘比特之箭"情人节活动策划书

一、前言

2021年2月14日的情人节就要到了，为了给消费者制造一种甜蜜而又难忘的节日气氛，不少商家都会选择在当天开展一些活动。为了顺应市场走势，我们决定抓住情人节这个节日契机,开展一次借"丘比特"之名,提高品牌美誉度、产品曝光率的活动。

二、活动目的

【撰写指南】这部分主要是叙述活动开展的核心目的,只要目的明确,策划活动的后续工作就会比较容易进行,如图6-13所示。

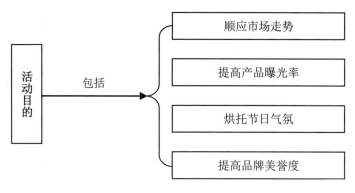

图6-13 活动目的

三、活动时间

【撰写指南】这部分需要将活动的开展时间和结束时间体现出来,便于活动审批者了解活动时长,如图6-14所示。

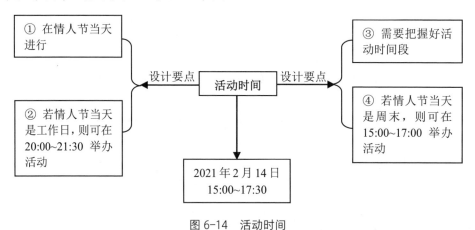

图6-14 活动时间

四、活动主题

【撰写指南】这部分要紧扣活动策划书的名称,设计宣传语吸引人们的注意力，如图 6-15 所示。

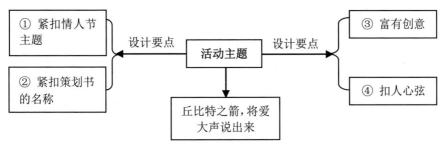

图 6-15　活动主题

五、活动地点

【撰写指南】这部分需要从活动气氛、活动规模、活动内容、活动受众来选择活动地点，如图 6-16 所示。

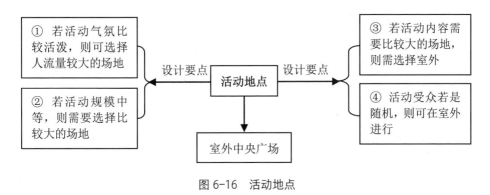

图 6-16　活动地点

六、活动对象

【撰写指南】这部分需要根据活动目的来进行选择，若活动目的在于曝光产品、提高品牌美誉度，则活动对象可随机抽取；若活动目的在于产品销售，则活动对象需要精准产品用户群体，如图 6-17 所示。

图 6-17　活动对象

七、活动流程

【撰写指南】这部分需将活动整体流程表述清楚，如表6-4所示。

表6-4 活动流程

	活动时间	活动内容
活动流程	2021年2月14日 15:00~15:20	模特拿着"丘比特之箭"对戒走秀，主持人介绍"丘比特之箭"产品的由来、含义、特点等内容
	2021年2月14日 15:30~16:30	情歌对唱：主持人在现场挑选5~15对情侣进行带有"爱"字的歌词接龙，筛选出4对接龙最多的情侣
	2021年2月14日 16:31~17:00	射箭：情侣们先讲出自己与对方相识时的情景，然后情侣们一起射箭，每人射20箭，挑选箭靶上箭最多的两对情侣
	2021年2月14日 17:01~17:15	默契大考验·大声说爱：两对情侣对决，说出彼此间最浪漫的时刻，选择默契度更高的那一对作为第一名，为其颁发奖品
	2021年2月14日 17:16~17:30	主持人让现场观众在17:30之前扫描二维码，关注企业公众号，即可赠送精美"说爱瓶"

八、场地布置

【撰写指南】这部分需要将活动场地的布置叙述清楚，届时就能直接安排场地的布置工作，如表6-5所示。

表6-5 场地布置

布置场地	布置要求	辅助工具	负责部门	完成日期
室外中央广场	① 搭建一个舞台 ② 舞台上拉起一面大的广告横幅	① 2台音响 ② 4支话筒 ③ 2个箭靶、45支箭 ④ 印有企业公众二维码的卡片10张	采购部 宣传部	2021年2月14日 13:00~14:30

九、活动工作安排

【撰写指南】这部分需要将工作安排到合适的部门，且需要将完成的时间表述清楚，如表6-6所示。

表6-6 活动工作安排表

责任部门	时间安排	主要事项
采购部	2021年2月9日—2021年2月13日 17:00之前	① 租借舞台 ② 打印广告横幅 ③ 租借2台音响 ④ 租借4支话筒 ⑤ 购买2个箭靶、45支箭 ⑥ 购买印有二维码的卡片10张 ⑦ 购买精美"说爱瓶"100个
宣传部	2021年2月8日—2021年2月14日 12:00之前	① 负责广告横幅的制作 ② 负责工作二维码的制作 ③ 培训活动主持人、活动工作人员
人事部	2021年2月9日—2021年2月13日	招聘6名模特,男女各3名
财务部	2021年2月8日	① 根据活动情况准备相关发票 ② 做好采购预算

十、活动预算

【撰写指南】这部分需要将活动预算合理地、详细地、实事求是地制作出来,如表6-7所示。

表6-7 活动预算表

活动名称	"丘比特之箭"情人节活动			
活动主题	丘比特之箭,将爱大声说出来			
用途	项目	单价	数量	总价
宣传	广告横幅	100元/条	1条	100元
	二维码卡片	2元/张	10张	20元
设备租借	话筒	500元/支	4支	2000元
	音响	500元/台	2台	1000元
	舞台	600元/个	1个	600元
游戏工具	箭靶	5元/个	2个	10元
	箭	1元/支	45支	45元
礼品	"丘比特之箭"对戒	5000元/对	1对	5000元
	精美"说爱瓶"	1元/个	100个	100元
聘用人员	模特	300元/名	6名	1800元
不可预计花费				300元
总计				10 975元

十一、活动效益评估

此次活动以互动游戏的方式,将新产品"丘比特之箭"对戒以礼物的形式展现在情侣面前,让情侣在参与活动的过程中对"丘比特之箭"对戒有一定的了解,同时打造了"亲民"的良好形象,产品知名度、品牌美誉度均可有大幅提升。

【案例分析】

情人节活动策划书所涵盖的要素一般大致相同,通过《"丘比特之箭"情人节活动策划书》可以发现,情人节活动策划书需要具备十一大要素,如图6-18所示。

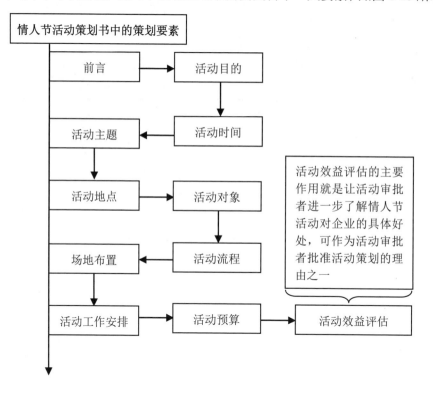

图6-18 情人节活动策划书中的策划要素

第 7 章
促销活动策划

/

线上促销活动策划
线下促销活动策划

7.1 线上促销活动策划

线上促销活动，是指在互联网上所进行的促销活动，一般在购物平台上比较常见。下面就来了解线上促销活动策划的相关内容。

7.1.1 线上促销活动的策划诀窍

活动策划者若想成功地策划、开展促销活动，就必须要掌握三种诀窍，如图 7-1 所示。

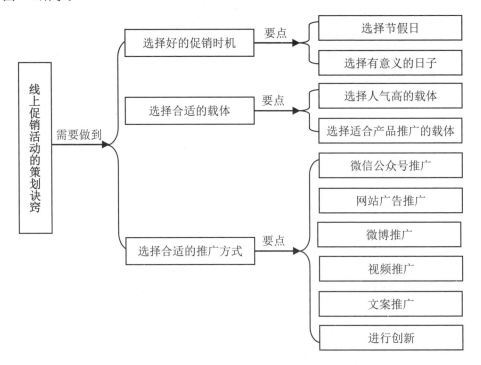

图 7-1 线上促销活动的策划诀窍

7.1.2 线上促销活动的推广方式

随着互联网的发展，种类繁多的线上推广方式也顺势崛起，对于活动策划者来说，合适的活动推广方式就是对活动可执行力的有力保障。下面就来了解三种常用的线上促销活动推广方式。

1. 微信公众号推广

一般来说，消费者对某企业、某产品感兴趣时才会长久关注此企业的微信公众号，这就说明企业微信公众号所面对的人群几乎都是忠实用户和潜在用户。因此，企业在微信公众号中开展促销活动，一定能引起不少人的兴趣。

而活动策划者在微信公众号中开展促销活动时，需要掌握六大要素，如图 7-2 所示。

图 7-2　微信公众号开展促销活动的六大要素

例如，某快餐企业微信公众号上开展的促销活动将六大要素全都展现了出来，最终获得了很多消费者的关注与支持，如图 7-3 所示。

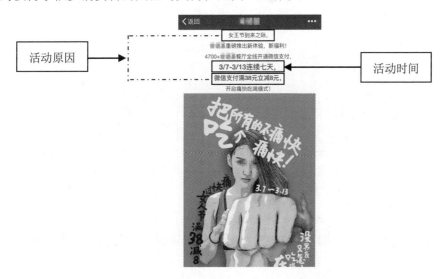

图 7-3　某快餐企业在微信公众号上开展促销活动

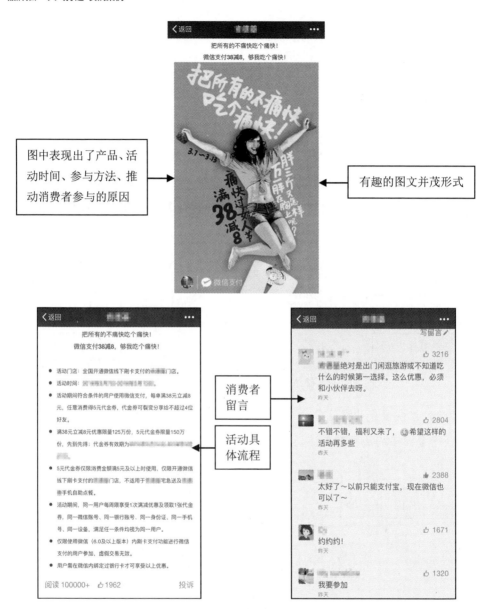

图 7-3 某快餐企业在微信公众号上开展促销活动（续）

2. 网站广告推广

若想以网站广告推广的方式进行线上促销活动，就需要注意两大要素，如图 7-4 所示。

/ 第 7 章 / 促销活动策划

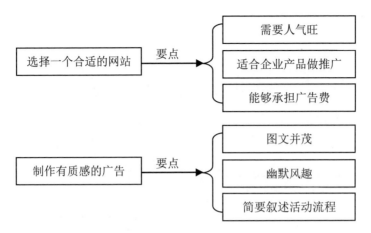

图 7-4 以网站广告推广方式进行促销活动时要注意的两大要素

例如，天猫在自己的官网上举办"天猫女王节"活动，就是一个很成功的例子，如图 7-5 所示。

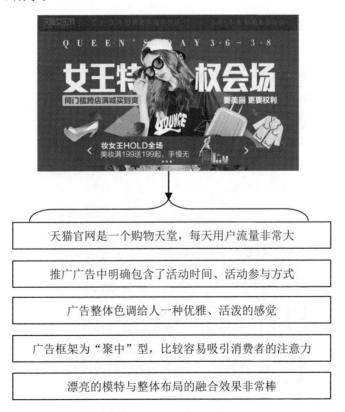

图 7-5 "天猫女王节"活动

3．微博推广

微博是一个造就热点时事的场所，也是人们在休闲时喜欢逗留的平台，因此，活动策划者一定不要放过每月能聚集 2.36 亿活跃用户的微博平台。一般来说，促销活动若想进行微博推广，则需要掌握几大要素，如图 7-6 所示。

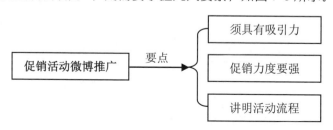

图 7-6　促销活动微博推广的要点

例如，某官方微博发布了一则"把乐事带回家"的活动，其吸引效果非常不错，如图 7-7 所示。

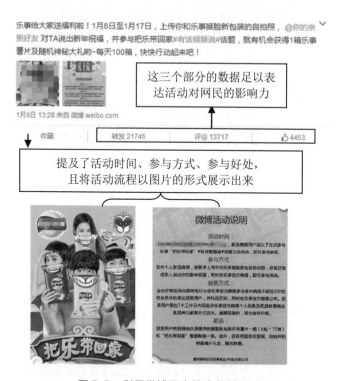

图 7-7　利用微博平台推广促销活动

 **专家提醒**

所谓促销活动,就是利用产品降价或赠送礼品的方式,在短时间内达成销售目的。

7.1.3 线上促销活动的开展时机

促销活动的开展需要找准合适的时机,而不能随心所欲地选择举办时间,这样才有事半功倍的效果。同时,促销活动不能开展得太频繁,否则消费者会认为企业不管怎样做促销活动都不会亏本,或者认为企业不做促销活动时是故意抬高价格,这对企业声誉来说,是备受影响的。

那么对于线上促销活动来说何时才算是开展的好时机呢?如表 7-1 所示。

表 7-1 适合开展促销活动的好时机

时 机	当 日 时 间	开 展 时 间
春节	农历正月初一	一般在春节前 5 天内进行促销活动即可
元宵节	农历正月十五	前 3 天包括当天在内共 4 天的任意时刻开展促销活动
母亲节	阳历五月第二个星期日	
儿童节	阳历 6 月 1 日	
端午节	农历五月初五	前后 2 天包括当天在内共 5 天的任意时刻开展促销活动
父亲节	阳历六月第三个星期日	前 3 天包括当天在内共 4 天的任意时刻开展促销活动
七夕情人节	农历七月初七	
教师节	阳历 9 月 10 日	
中秋节	农历八月十五	前后 2 天包括当天在内共 5 天的任意时刻开展促销活动
国庆节	阳历 10 月 1 日	前 2 天至后 6 天包括当天在内共 9 天的任意时刻开展促销活动
元旦	阳历 1 月 1 日	前后 2 天包括当天在内共 5 天的任意时刻开展促销活动
天猫女王节	阳历 3 月 7 日	当天的前后 2 天内开展促销活动
妇女节	阳历 3 月 8 日	
劳动节	阳历 5 月 1 日	前后 2 天包括当天在内共 5 天的任意时刻开展促销活动

续表

时　机	当日时间	开展时间
双十一	阳历11月11日	前5天包括当天在内共6天的任意时刻开展促销活动
双十二	阳历12月12日	
平安夜	阳历12月24日	前4天包括当天在内共5天的任意时刻开展促销活动
圣诞节	阳历12月25日	
开学季	阳历3月1日和9月1日	在开学前10天内开展促销活动
换季	四季更换日	在换季前10天内开展促销活动
西方情人节	阳历2月14日	
周年庆	根据企业周年时机判定	前3天包括当天在内共4天的任意时刻开展促销活动

专家提醒

线上促销活动的时长可根据企业经济能力、需求来确定。

7.1.4　【实战案例】"天猫女王节"线上促销活动策划书

下面就以天猫官网上的某旗舰店为例，模拟一份线上促销活动策划书，即《"天猫女王节"线上促销活动策划书》，具体内容如下。

"天猫女王节"线上促销活动策划书

一、前言

"天猫女王节"是天猫商城借助2021年3月8日妇女节的活动气氛，从3月3日—3月5日进行预热，3月6日—3月8日正式开启的活动。这对于天猫店铺来说是一个进行促销活动的契机，更是提高店铺产品销量的渠道之一。

二、活动目的

【撰写指南】这部分需要直接将"天猫女王节"活动的目的讲出来，让活动审批者快速了解此活动的执行价值，如图7-8所示。

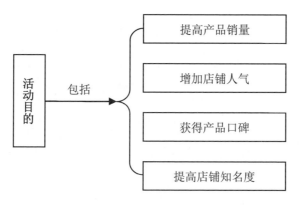

图 7-8　活动目的

三、活动时间

【撰写指南】此内容分为两部分，即预售期和开售期，如图 7-9 所示。

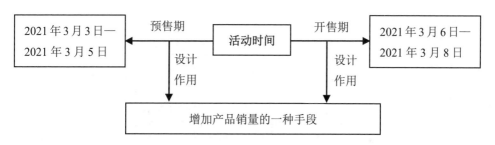

图 7-9　活动时间

四、活动主题

【撰写指南】活动主题需要具有特色，就像宣传语一样能动人心弦，如图 7-10 所示。

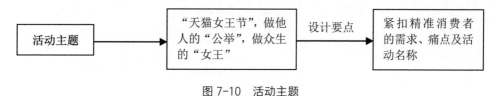

图 7-10　活动主题

五、活动对象

【撰写指南】选择产品的面向人群，如图 7-11 所示。

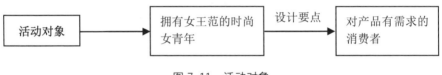

图 7-11 活动对象

六、活动地点

【撰写指南】这部分需要选择人气旺、适合企业产品推广的互联网载体,如图 7-12 所示。

图 7-12 活动地点

七、促销力度

【撰写指南】这部分需要将促销活动的促销力度讲清楚,如图 7-13 所示。

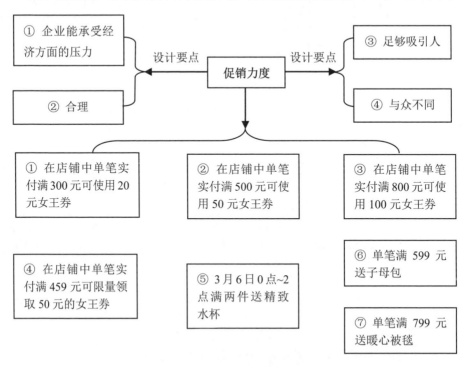

图 7-13 促销力度

八、参与方式

【撰写指南】这部分需将消费者参与活动的方式表达清楚，该部分也属于活动流程中的一部分，如图7-14所示。

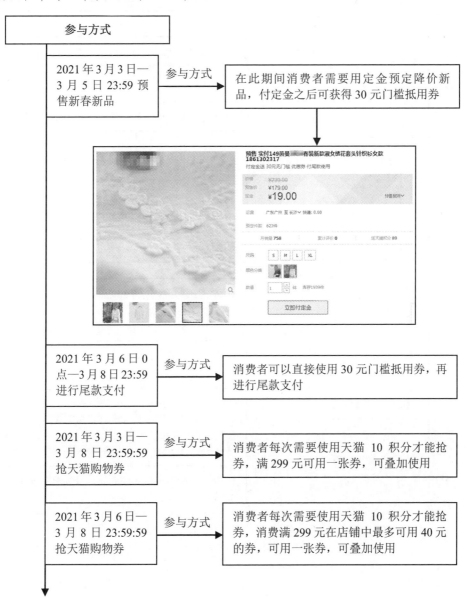

图 7-14　参与方式

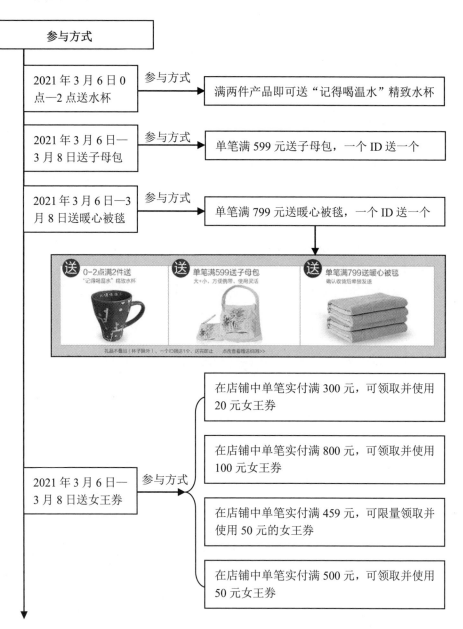

图 7-14　参与方式（续）

九、宣传方式

【撰写指南】宣传页面需要放置在"天猫女王节"女王衣橱页面靠前的位置，这样消费者才能一眼看到店铺的相关内容，如图 7-15 所示。

图 7-15 宣传方式

专家提醒

活动策划者需要根据企业的经济情况,来选择合适的宣传手段。

除此之外,还需将店铺首页装修成与"天猫女王节"气氛相符的风格,同时将活动力度也体现在首页上,如图 7-16 所示。

图 7-16 店铺装修风格

十、活动工作安排

【撰写指南】线上促销活动与其他活动相比,其工作安排涉及面比较窄,主要是从产品库存、店铺装修等方面进行考量，如表 7-2 所示。

表 7-2　活动工作安排表

责 任 部 门	时 间 安 排	主 要 事 项
生产部	2021 年 3 月 3 日—2021 年 3 月 5 日 22:00 之前	每件产品库存约 600 件
美工部	2021 年 2 月 27 日—2021 年 3 月 3 日之前	将店铺整体风格改成与"天猫女王节"相符的内容
客服部	2021 年 2 月 29 日—2021 年 3 月 8 日	① 模拟出消费者可能会问的问题，并进行回答 ② 培训客服 ③ 在活动期间及时回复消费者的问题

十一、活动预算

【撰写指南】这部分需要相关人员制作活动预算表，将活动成本控制在预期内，如表 7-3 所示。

表 7-3　活动预算表

活动名称	"天猫女王节"线上促销活动			
活动主题	紧扣精准消费者的需求、痛点及活动名称			
用　　途	项　　目	单　　价	数　　量	总　　价
前期推广	"女王衣橱"活动页面靠前的位置	10 000 元/天	6 天	60 000 元
礼品购买	"记得喝温水"精致水杯	10 元/个	1000 个	10 000 元
	子母包	30 元/对	800 对	24 000 元
	暖心被毯	50 元/张	600 张	30 000 元
不可预计花费				60 000 元
总计				184 000 元

十二、活动效益评估

此次活动将以促销的形式调动消费者的购买心理，预期能够提高新春产品的销量，且增强产品口碑及品牌知名度。

【案例分析】

线上促销活动策划书所涵盖的要素一般大致相同，通过《"天猫女王节"线上促销活动策划书》可以发现，线上促销活动策划书需要具备十二大要素，如图 7-17 所示。

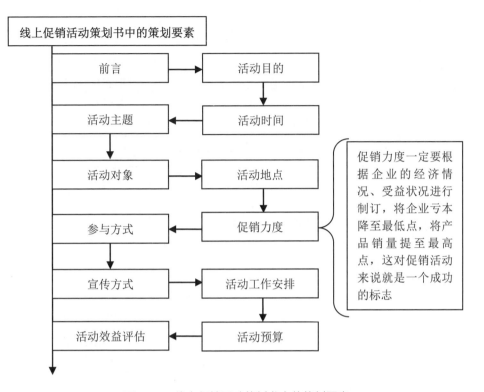

图 7-17　线上促销活动策划书中的策划要素

7.2　线下促销活动策划

对于传统企业来说，线下促销活动是一种对提高产品销量非常有效的营销方式。下面就来了解线下促销活动的相关内容。

7.2.1　线下促销活动的策划诀窍

线下促销活动与线上促销活动一样，也需要从节假日、周年庆等方面把握活动时机，并需要活动策划者具有发散性思维。除此之外，策划线下促销活动要从消费者入手，以消费者为核心，只有这样才能让促销活动吸引消费者的注意力。

其中最为主要的方面就是要满足消费者的需求。一般来说，消费者是期待促销活动的,他们知道各大企业都会在节假日做一些促销活动,这已经构成了消费者的一种消费心理。

由此,活动策划者需要从满足消费者需求入手,来构建线下促销活动的整体思路,如图 7-18 所示。

图 7-18　线下促销活动的整体思路

7.2.2　线下促销活动的运营策略

对于消费者来说,线下促销活动是否能够吸引他们取决于两个方面,如图 7-19 所示。

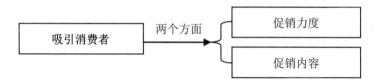

图 7-19　线下促销活动吸引消费者的两个方面

那么,如何将促销力度和促销内容做到让消费者满意呢?这就需要活动策划者在线下促销活动运营的过程中实行两大策略,如图 7-20 所示。

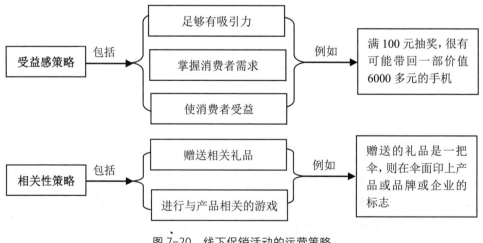

图 7-20　线下促销活动的运营策略

7.2.3 线下促销活动的常见方式

线下促销活动的常见方式如图 7-21 所示。

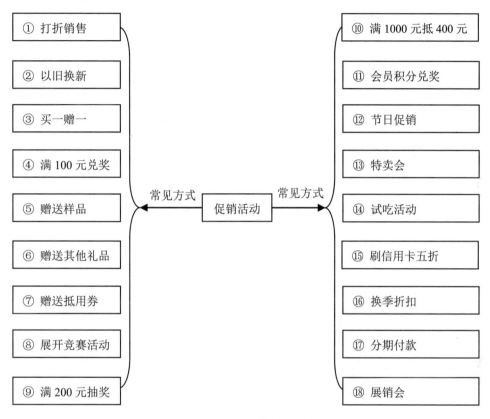

图 7-21 线下促销活动的常见方式

7.2.4 【实战案例】"你扫满我就送"线下促销活动策划书

下面就来为某火锅店模拟一份线下促销活动策划书,即《"你扫满我就送"线下促销活动策划书》,具体内容如下。

"你扫满我就送"线下促销活动策划书

一、前言

随着小屏时代的发展,微信会员卡备受消费者青睐,我店也顺应市场趋势推出了微信会员卡。因刚推出使用者比较少，于是想要以 2020 年 11 月 30 日我店 10 周年店庆作为契机，开展"你扫满我就送"的线下促销活动。

二、活动目的

【撰写指南】促销活动的目的当然还是以促销为主，但要记住，一个活动的活动目的并不只有一个，而是可以有多个，但有一个为最主要的目的，活动策划者需要将活动目的以主次的形式按顺序罗列出来，如图 7-22 所示。

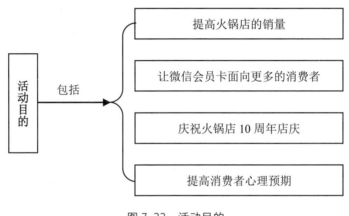

图 7-22　活动目的

三、活动时间

【撰写指南】若想将微信会员卡推向大范围的消费人群，就需要较长时间才能得以实现，因此活动绝对不能一两天就结束，不然既不能提高店面的销量，又无法推广微信会员卡，活动最好维持一个月，这样促销效果才能突显出来，如图 7-23 所示。

图 7-23　活动时间

四、活动主题

【撰写指南】这部分需要紧扣促销活动和周年庆来设计活动的主题，如图 7-24 所示。

第7章 促销活动策划

图 7-24 活动主题

五、活动地点

【撰写指南】这部分应根据活动主题选择开展活动的地点，如图 7-25 所示。

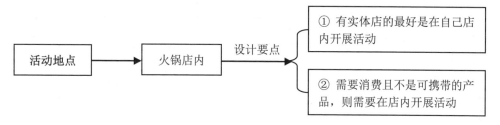

图 7-25 活动地点

六、活动对象

精准定位消费者即可，即火锅店到店的消费群体。

七、活动流程

【撰写指南】这类活动的流程一般都不会很复杂，简要说明即可，如图 7-26 所示。

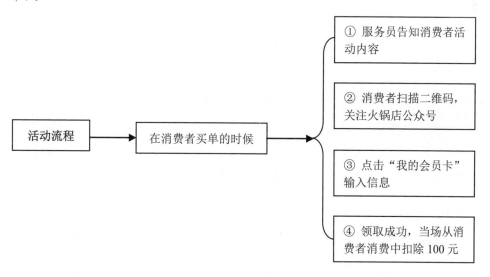

图 7-26 活动流程

八、场地布置

在店面门口放置一块竖型的广告牌和几张桌子，每张桌子上放一个小版的活动宣传牌。

九、活动工作安排

【撰写指南】这部分要将工作安排到合适的管理者手上，如表7-4所示。

表7-4 活动工作安排表

责任人	时间安排	主要事项
厨师长	2020年10月29日—2020年11月30日 9:30之前	每天都需要采购当天需要的食材，保证食材新鲜且不浪费
店面经理	2020年2月26日—2020年2月29日	① 培训服务员，告诉他们活动内容，教他们怎样跟消费者传递活动的话术 ② 安排人去制作广告牌和活动宣传牌

十、活动预算

【撰写指南】这部分需要将活动中所有花费计算清楚，如表7-5所示。

表7-5 活动预算表

活动名称	"你扫满我就送"线下促销活动		
活动主题	10周年庆，你敢扫微信满300我就敢送100		
用途	项目	单价	数量	总价
宣传	大广告牌	100元/块	1块	100元
	小活动宣传牌	5元/块	40块	200元
赠送的100元是在利润之内的，可不计入花费预算			
不可预计花费				100元
总计				400元

十一、活动效益评估

此次活动的促销力度是"满300送100"，看似利润不大，但随着活动时间的推移，其中的经济效益就会突显出来，平均每天销量会是以前的2倍，利润也会随之提高，并且将微信会员卡推广了出去，同时也节约了会员卡的制作成本。

【案例分析】

线下促销活动策划书所涵盖的要素一般大致相同，通过《"你扫满我就送"线下促销活动策划书》可以发现，线下促销活动策划书需要具备十一大要素，如图 7-27 所示。

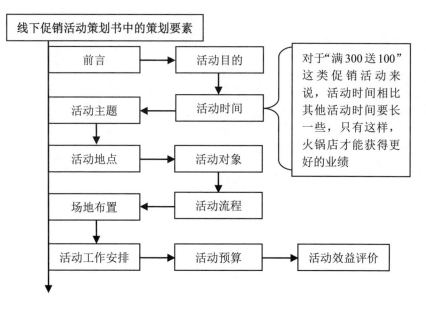

图 7-27　线下促销活动策划书中的策划要素

第 8 章
会展活动策划

/

文化主题活动策划
展览主题活动策划

8.1 文化主题活动策划

文化主题活动,是指以某一文化为主题,围绕这一文化的特点、历史等方面的内容进行文化宣传。下面就来了解策划文化主题活动的相关内容。

8.1.1 文化主题活动的策划诀窍

若想让策划的文化主题活动取得成功,重点在于活动的前期宣传方面,若前期宣传做得好,那么在活动当天定然会受到广大受众的关注。

一般来说,富有文化底蕴的活动要尽量选择比较权威的宣传方式,这样才能让人们觉得活动更加真实、可信。若活动经费足够,则可以联系新闻媒体,借助他们之手来宣传文化主题活动。图 8-1 为湖南省森林植物园举办的世界名花生态文化节的新闻宣传。

图 8-1 湖南省森林植物园举办的世界名花生态文化节的新闻宣传

若活动经费不足,活动策划者可以用撰写软文的方式在网络上进行活动的宣传工作。值得注意的是,在撰写活动软文时,需要以新闻的口吻来描述活动,这样才能为文章增添权威色彩，让人们产生信任感。

简单来说，在撰写活动软文时，需要站在媒体的角度报道活动的相关内容，用正规新闻格式来宣传活动。

那么，新闻稿的格式是怎样的呢？如图8-2所示。

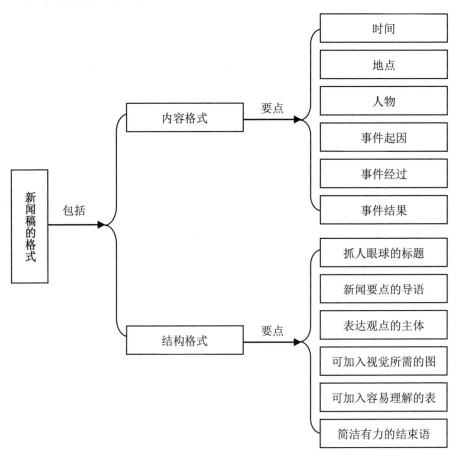

图8-2 新闻稿的格式

**专家提醒**

对于文化主题活动策划来说，创意也是促其成功的因素之一，一个富有创意的文化主题活动能大大提高对受众的吸引力。值得注意的是，活动策划者在进行创意策划时需要将一个个抽象的点转化为一个个新思路、新形象。

8.1.2 文化主题活动的类型

活动策划者在策划文化主题活动之前,需要选择一个与活动策划目的相近的活动类型,这样才能保证文化主题活动不偏离轨道,从而成为一个有价值的活动。下面就来了解文化主题活动的类型,如图 8-3 所示。

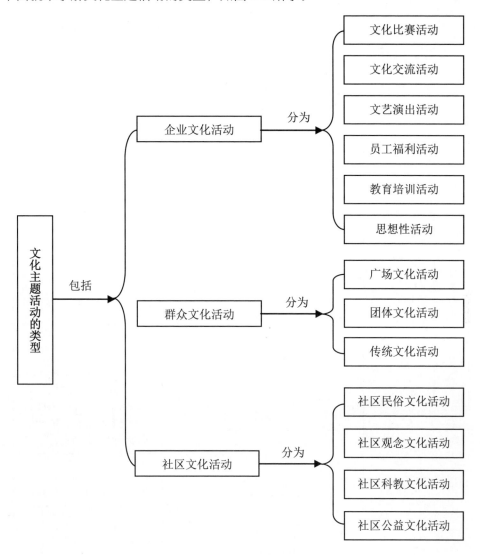

图 8-3 文化主题活动的类型

8.1.3 文化主题活动的注意事项

细节决定成败。活动策划者在进行文化主题活动策划的过程中，一定要注意细节问题，文化主题活动若因为一个细小的问题而举办不成功的话，到时就得不偿失了。

下面就来了解活动策划者在进行文化主题活动策划过程中应该注意哪些事项，如图8-4所示。

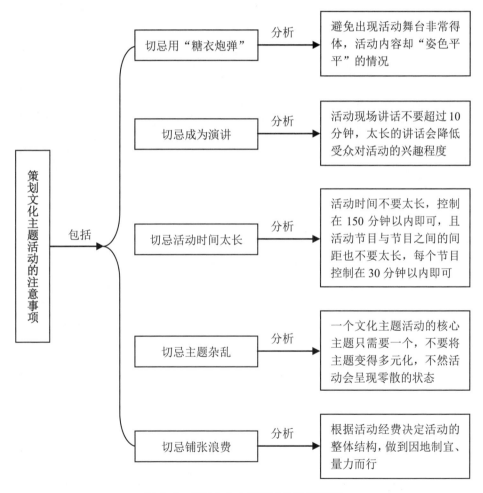

图8-4 策划文化主题活动的注意事项

8.1.4 【实战案例】茶文化主题活动策划书

下面就以茶文化为例，模拟一份文化主题活动策划书，即《茶文化主题活动策划书》，具体内容如下。

茶文化主题活动策划书

一、前言

【撰写指南】这部分主要从茶文化起源、推动茶文化活动开展的原因，以及茶文化活动宣传的成功案例来进行撰写，如图 8-5 所示。

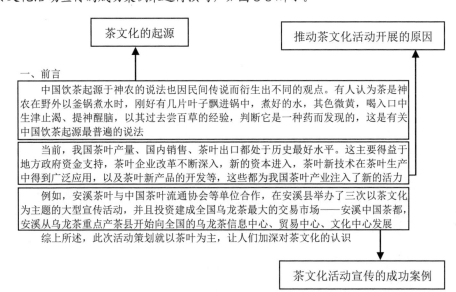

图 8-5　前言

二、活动主题

【撰写指南】因为是文化方面的主题，所以最好用富有诗意的词藻将文化韵味烘托出来，但表述不要过于深奥，至少要让人们明白主题的意思，如图 8-6 所示。

图 8-6　活动主题

三、活动目的

【撰写指南】文化主题活动的目的需要与活动主题相符,如图 8-7 所示。

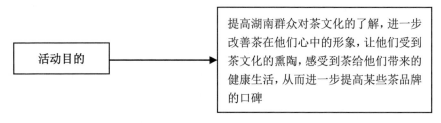

图 8-7 活动目的

四、活动时间

【撰写指南】文化主题活动可以选择在与主题相关的昌盛时期开展,如图 8-8 所示。

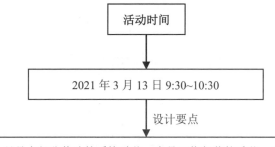

图 8-8 活动时间

五、活动地点

【撰写指南】文化主题活动可以选择人多的地方,社区、学校等人群聚集地是最容易给活动带来关注度的,如图 8-9 所示。

图 8-9 活动地点

六、活动受众

【撰写指南】一般来说，文化主题活动需要根据地理环境来精准定位受众，如图 8-10 所示。

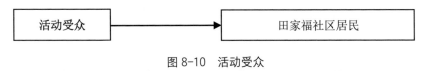

图 8-10　活动受众

七、活动内容

【撰写指南】活动策划者需要根据活动的目的和主题来进行活动内容的策划，这样才不会给人以"华而不实"之感，才能提高活动的成功率，如图 8-11 所示。

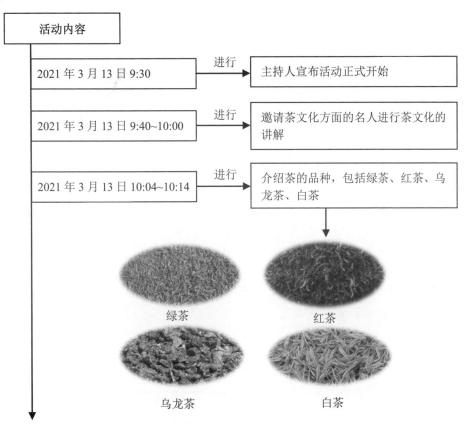

图 8-11　活动内容

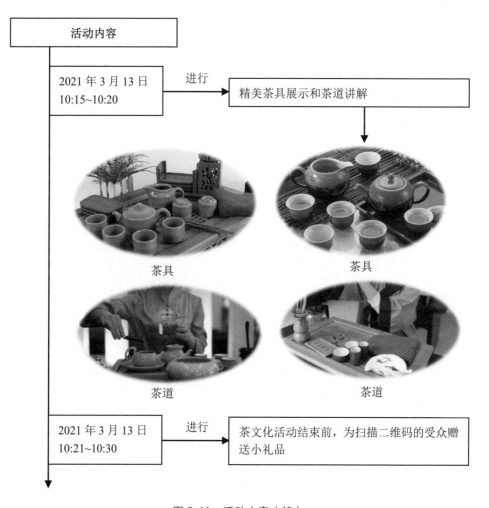

图 8-11 活动内容（续）

八、宣传方式

【撰写指南】活动策划者需要以节省、有价值为核心，并根据活动经费来策划活动宣传方式，如图 8-12 所示。

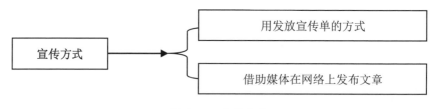

图 8-12 宣传方式

九、活动工作安排

【撰写指南】这部分需要将工作安排到合适的管理者手上,如表 8-1 所示。

表 8-1　活动工作安排表

责任部门	时间安排	主要事项
活动宣传部	2021 年 3 月 5 日—2021 年 3 月 10 日	联系各大品牌,赢得赞助先机
活动采购部	2021 年 3 月 6 日—2021 年 3 月 10 日	采购活动需要用到的所有产品
活动宣传部	2021 年 3 月 10 日—2021 年 3 月 13 日 9:25 之前	① 制作宣传单 ② 在社区中发放传单 ③ 在各大人流量大的地方发传单 ④ 联系媒体进行相关报道
活动人事部	2021 年 3 月 10 日—2021 年 3 月 13 日 9:20 之前	① 培训主持人 ② 查看各环节的准备情况

十、活动预算

【撰写指南】这部分需要将活动中的所有花费计算清楚,如表 8-2 所示。

表 8-2　活动预算

活动名称	茶文化主题活动			
活动主题	茶乐潇湘,健康生活			
用途	项目	单价	数量	总价
奖品购买	茶	无	50 份	茶叶品牌赞助商赞助
场地租用	田家福社区中心空地为主	100 元/小时	1 小时	100 元
放茶	大桌子	50 元/张	2 张	100 元
放茶具	小桌子+椅子	30 元/对	4 对	120 元
茶具购买	茶具	无	4 份	茶叶品牌赞助商赞助
宣传	宣传单	5 元/张	1000 张	5000 元
	新闻媒体	100 元/篇	20 篇	2000 元
不可预计花费				680 元
总结				8000 元

【案例分析】

文化主题活动策划书所涵盖的要素一般大致相同,通过《茶文化主题活动策划书》可以发现,文化主题活动策划书需要具备十大要素,如图 8-13 所示。

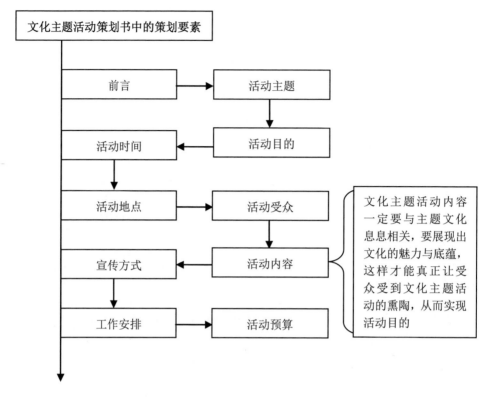

图 8-13 文化主题活动策划书中的策划要素

8.2 展览主题活动策划

展览主题活动是随着社会三个方面的发展而产生的,如图 8-14 所示。

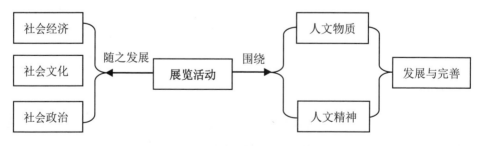

图 8-14 展览主题活动的产生

8.2.1 展览主题活动的策划诀窍

展览主题活动成功的诀窍就是，主题唯一且主题要与整个展览主题活动高度契合，只有这样展览主题活动才能受到大众的喜欢。

除此之外，展览内容也是展览主题活动的重中之重，一个好的展览内容就是一个吸睛点。那么展览主题活动内容需要具备哪些因素才能成为人们感兴趣的内容呢？如图 8-15 所示。

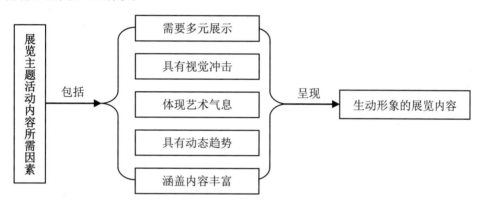

图 8-15　展览主题活动内容所需因素

8.2.2 展览主题活动的市场调研

活动策划者在进行展览主题活动策划之前，需要进行市场调研，特别是对于那些初出茅庐的活动策划新手来说，若不进行市场调研，则可能会出现以下三大问题，如图 8-16 所示。

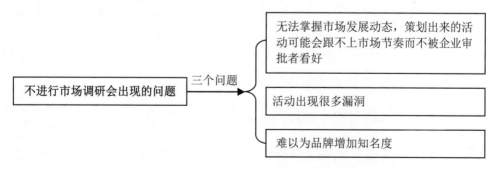

图 8-16　不进行市场调研可能会出现的问题

专家提醒

无论是活动策划新手,还是活动策划专员,在进行展览主题活动策划之前都需要进行市场调研,只有这样才能了解自己策划的主题是否可行。

8.2.3 展览主题活动的地点选择

活动策划者在策划展览主题活动时,需要选择一个最佳的活动地点,若地点都不尽如人意,那再好的活动内容也难以平复受众对活动地点的不满,甚至会让受众做出不去参加展览活动的决定,因此,展览主题活动地点是需要活动策划者精心筛选的。

下面就来了解活动策划者在进行展览主题活动策划时,应该按照怎样的标准来选择活动地点,如图 8-17 所示。

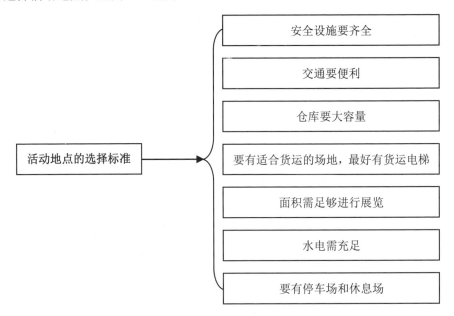

图 8-17 活动地点的选择标准

8.2.4 【实战案例】国际汽车展览活动策划书

下面以国际车展为例,模拟一份以展览汽车为主题的展览活动策划书,即《国际汽车展览活动策划书》,具体内容如下。

国际汽车展览活动策划书

一、前言

汽车国际展览会是经济全球化的产物，它不仅能促进国际汽车企业之间的感情，而且能提高各自的知名度及销量，同时以展览汽车产品的方式，让消费者更加了解汽车，也能让汽车品牌商充分了解竞争对手的产品信息从而产生无限商机。

二、活动目的

让消费者更加了解汽车，提高国际汽车品牌商之间的交流，提高汽车品牌的知名度与销量。

三、活动主题

"展商售车、车迷赏车、市民购车"。

四、活动时间

2021年9月29日—2021年10月3日。

五、活动地点

【撰写指南】这部分需要根据活动主题选择活动地点，如以展览汽车为主题的活动，就需要活动地点能容纳下数十辆汽车，如图8-18所示。

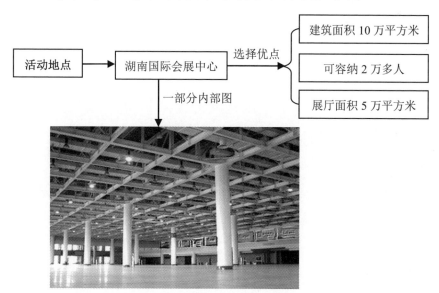

图8-18 活动地点

六、活动内容

【撰写指南】这部分需要围绕活动主题进行活动内容的设定,如图 8-19 所示。

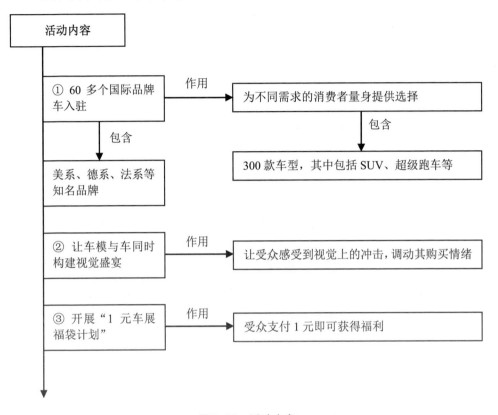

图 8-19　活动内容

七、活动对象

新闻媒体、汽车发烧友、想要购买汽车的消费者。

八、场地布置

在场地上布置 300 个汽车展台,围绕每一辆汽车的风格进行不同的场地布置,这一部分交给汽车品牌商完成,毕竟自己的品牌自己最了解。

九、活动工作安排

【撰写指南】这部分需要将工作安排到合适的管理者手上,如表 8-3 所示。

表 8-3　活动工作安排表

责任部门	时间安排	主要事项
采购部	2021年9月10日—2021年9月18日	① 租赁场地 ② 租赁汽车展台
宣传部	2021年9月13日—2021年10月3日	① 联系入驻品牌商 ② 联系新闻媒体进行宣传

十、活动宣传

将宣传重点放在互联网上，在互联网上发布活动新闻，结合线下发送宣传单，开展微信 1 元抢购入门票抽奖活动，调动人们的参与性，如图 8-20 所示。

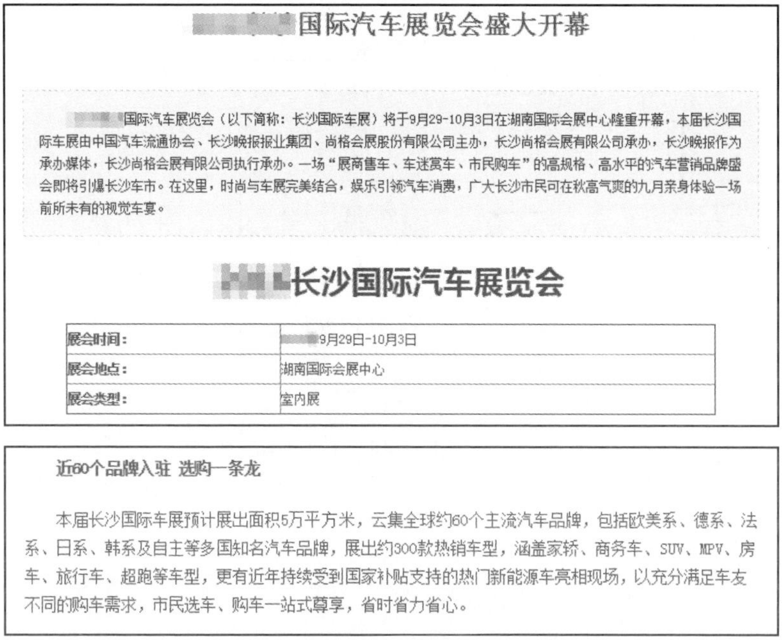

图 8-20　活动宣传

十一、活动预算

【撰写指南】这部分需要将所有花费都清楚地列出来，这里不再列出国际汽车展览活动策划书中的活动预算。

【案例分析】

展览主题活动策划书的涵盖要素一般大致相同，通过《国际汽车展览活动策划书》可以发现，展览主题活动策划书需要具备十一大要素，如图8-21所示。

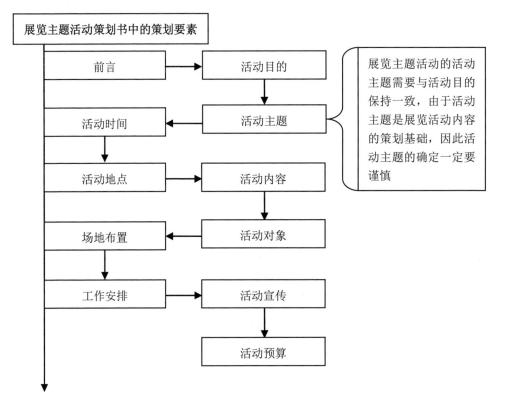

图 8-21 展览主题活动策划书中的要素

第 9 章
企业活动策划

/

企业会议活动策划
企业员工娱乐活动策划

9.1 企业会议活动策划

企业会议活动是企业活动的一种，每个企业都会进行，只是会议活动的种类不一样。下面就来了解企业会议活动策划的相关内容。

9.1.1 企业会议活动的策划诀窍

活动策划者若想策划一个成功的企业会议活动，可以将活动分为三个阶段，再分别考虑这三个阶段中的问题，如图 9-1 所示。

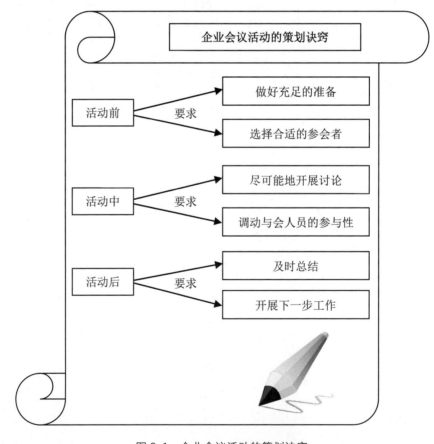

图 9-1 企业会议活动的策划诀窍

 **专家提醒**

值得注意的是，企业在召开会议活动时，不要冠冕堂皇地进行，而应该有针对性地根据具体问题开展会议活动，这样才能收到好的效果。

9.1.2 企业会议活动的种类

企业会议活动的种类比较多，不同种类的会议活动有着不一样的目的，由此，活动策划者需要根据活动目的进行活动种类的选择。下面就来了解企业会议活动的种类，如图9-2所示。

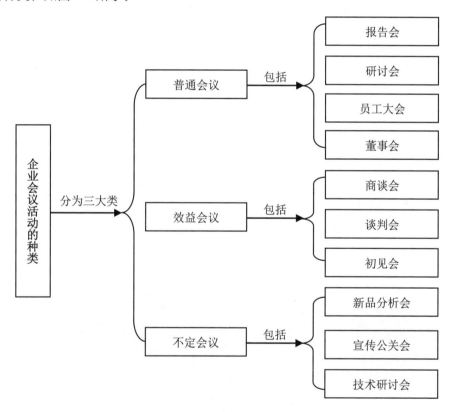

图 9-2 企业会议活动的种类

9.1.3 企业会议活动的策划要点

企业会议活动并不是一种"突发性"的活动，它是需要活动策划者经过缜密的思考、完整的规划而产生的。下面就来了解企业会议活动的策划要点，如图9-3所示。

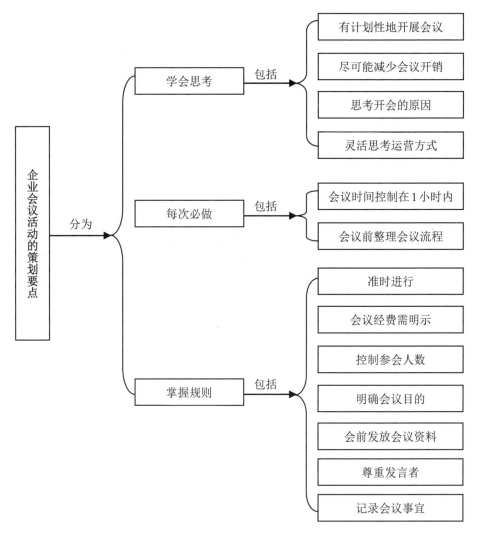

图9-3 企业会议活动的策划要点

9.1.4 【实战案例】2021年上半年公司总业绩报告会策划书

下面以某公司为例，模拟一份企业报告会议活动策划书，即《2021年上半年公司总业绩报告会策划书》，具体内容如下。

2021年上半年公司总业绩报告会策划书

一、会议时间

【撰写指南】由于是2021年上半年的报告会，因此最好将会议时间定在2021年下半年刚开始的时间，大概在7月份。若企业员工人数在500人以上，且部门多，则可将会议时长延长1小时；若公司员工为80人，部门有9个，则会议时间可控制在1个小时以内，如图9-4所示。

图9-4 会议时间

二、会议地点

【撰写指南】若公司有足够大的会议室，则可以选择在公司内部进行，若没有，则可以向酒店、学校、会议中心等地方进行租赁。某公司选择在某学校的阶梯教室进行报告会活动的开展，如图9-5所示。

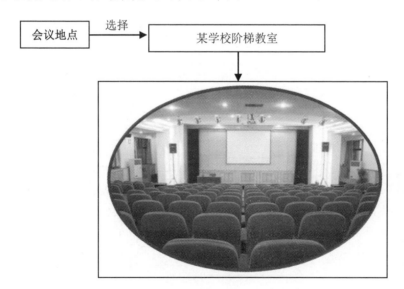

图9-5 会议地点

三、会议目的

各部门负责人总结上半年的营销工作情况，指出工作上的得失，提出解决方法并指明2021年下半年的工作方向。

四、会议受众

【撰写指南】这部分需要将重要参会人员的职位写出来,写上参会即可,在策划书的最后附上完整的与会人员名单,如图9-6所示。

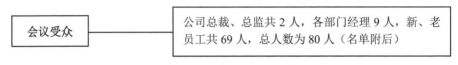

图9-6　会议受众

五、会议准备

【撰写指南】此部分需要从会场要求、会议工作安排等方面列出为召开会议所需要做的准备工作,如图9-7所示。

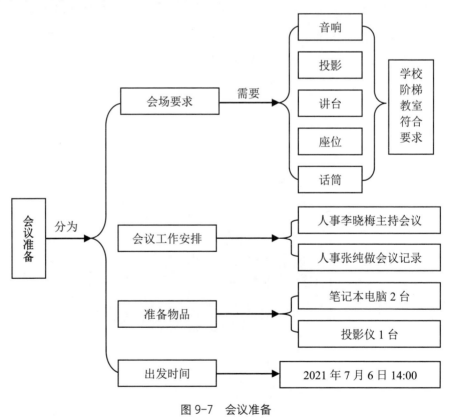

图9-7　会议准备

六、会议内容

【撰写指南】会议内容要与会议目的挂钩，不然活动策划书将不会被企业审批通过，如图9-8所示。

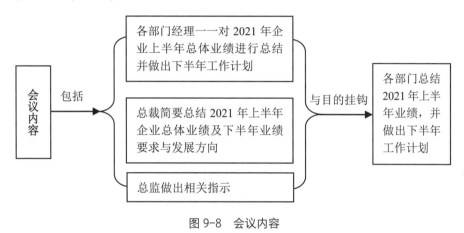

图 9-8　会议内容

七、会议流程

【撰写指南】这部分需要将整个活动开展的时间进行完整规划，如表 9-1 所示。

表 9-1　会议流程

时　　间	事　　件
2021 年 7 月 6 日 14:00	所有员工在公司门口集合，准时坐大巴去某学校参会
2021 年 7 月 6 日 14:15	员工按照安排好的位置入座
2021 年 7 月 6 日 14:30	会议正式开始，人事李晓梅宣布会议开始
2021 年 7 月 6 日 14:30	各部门经理述职，顺序依次为营销部、宣传部、产品开发、运营部、设计部、科技研发部、数据分析部、电脑维修部、人事部
2021 年 7 月 6 日 15:11~15:26	总监总结
2021 年 7 月 6 日 15:27~15:30	总裁发言
2021 年 7 月 6 日 15:35	各部门员工坐大巴原路返回公司

八、会议要求

【撰写指南】这部分要将会议中需要注意的事项叙述清楚，如图9-9所示。

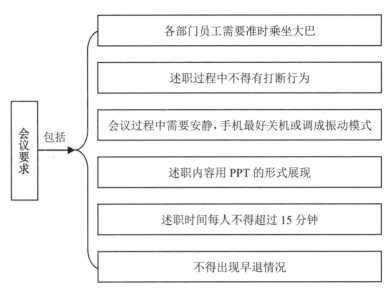

图 9-9　会议要求

九、会议预算

【撰写指南】这部分需要将会议的花费明细列出来,让活动审批者能清楚了解经费的去处,如表9-2所示。

表 9-2　会议预算

活动名称	2021年上半年某公司总业绩报告会			
用途	项目	单价	数量	总价
交通	租赁大巴车(包括司机)	350元/天/辆	2辆	700元
地点	某学校阶梯教室(包括音响、话筒、座位、讲台、投影)	500元/小时	1小时	500元
明确目的	横幅	30元/条	1条	30元
	投影仪	100元/台	1台	100元
不可预计花费				6700元
总计				8030元

【案例分析】

企业会议活动策划书所涵盖的要素一般大致相同,通过《2021年上半年公司总业绩报告会策划书》可以发现,企业会议活动策划书需要具备九大要素,如图 9-10 所示。

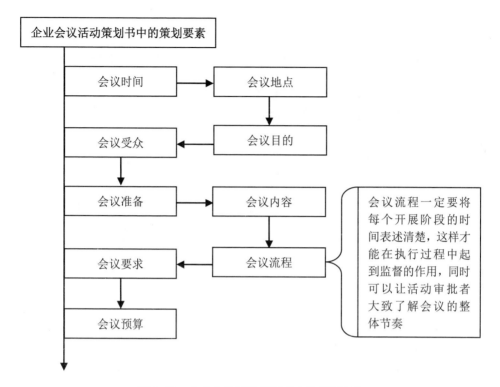

图 9-10　企业会议活动策划书中的策划要素

9.2　企业员工娱乐活动策划

企业并不只是因为销量可观、品牌知名度广而成为一个运作成功的企业，它还需要有一群愿意与企业共进退的员工才能得以实现企业的奋斗目标。那么，企业该如何做才能让员工与企业共进退呢？除了给予员工合理的待遇之外，企业还需要不定期地组织一些员工娱乐活动，让员工在紧绷的工作氛围中得到身心的放松。

9.2.1　企业员工娱乐活动的策划诀窍

企业员工娱乐活动的核心要点就是让员工感到快乐，既能放松自己又能与同事增进感情。而最能达到这样效果的就是互动游戏。好的互动游戏是调动参与者情感，激发其快乐情绪的一种活动模式。因此，企业员工娱乐活动的策划诀窍就在于活动中拥有能够调动员工良好情绪的互动游戏。

那么，活动策划者所策划的互动游戏应该具备哪些要求呢？如图9-11所示。

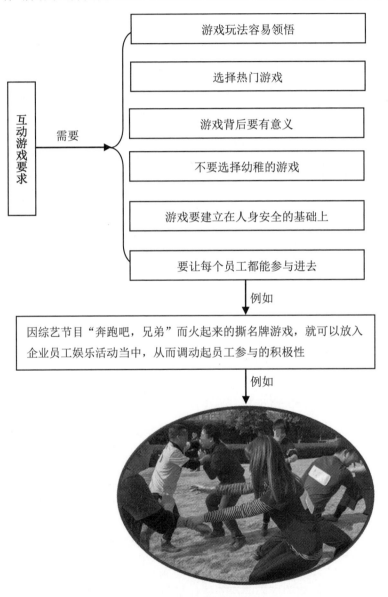

图 9-11　互动游戏要求

9.2.2 企业员工娱乐活动的种类

企业员工娱乐活动的种类是多种多样的，活动策划者需要根据企业自身的经济条件、活动目的来选择活动种类，只有这样的活动才最有意义。下面就来了解企业员工娱乐活动的种类，如图 9-12 所示。

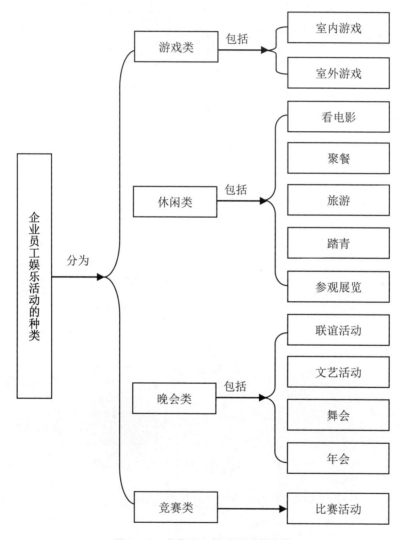

图 9-12　企业员工娱乐活动的种类

9.2.3 企业员工娱乐活动的注意事项

活动策划者要根据企业具体情况、活动目的等进行企业员工娱乐活动的策划，从宏观上把控策划方向。下面就来了解策划企业员工娱乐活动的注意事项，如图 9-13 所示。

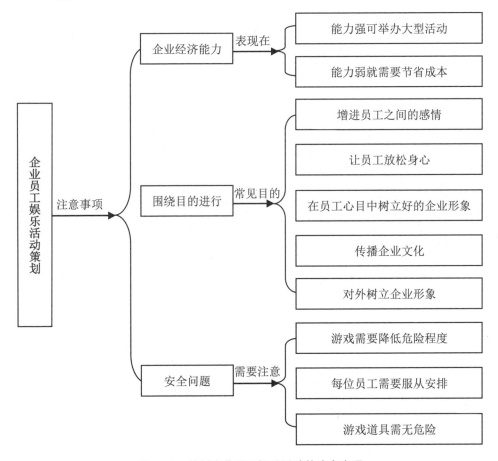

图 9-13 策划企业员工娱乐活动的注意事项

9.2.4 【实战案例】企业员工娱乐活动策划书

下面以某公司为例，模拟一份企业员工娱乐活动策划书，即《员工娱乐活动策划书》，具体内容如下。

员工娱乐活动策划书

一、活动目的

【撰写指南】一般来说，企业员工娱乐活动多围绕企业与员工之间的情感交流，与营销方面的内容难以挂钩，因此，若想增进企业与员工之间的感情，增强员工与员工之间的凝聚力，企业不妨策划一个企业员工娱乐活动，如图9-14所示。

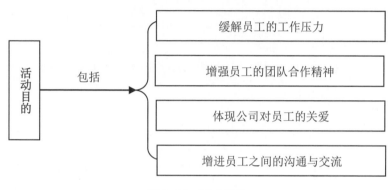

图9-14 活动目的

二、活动时间

【撰写指南】企业员工娱乐活动时间可分为以下两个部分，活动策划者需要根据活动内容和企业自身情况进行选择。

- ❑ 定期活动时间，是指企业在规定的时间内为员工举办相同的或不同的活动。
- ❑ 不定期活动时间，是指企业在不同的时间内为员工举办相同的或不同的活动内容。

选择好活动类型后，活动策划者就需要根据天气、节假日等方面选择一个合适的活动时间，如图9-15所示。

图9-15 活动时间

三、活动主题

【撰写指南】这部分需要紧扣活动目的来确定活动主题，如图9-16所示。

图9-16　活动主题

四、活动地点

【撰写指南】企业员工娱乐活动的地点需要根据活动内容进行选择，如图9-17所示。

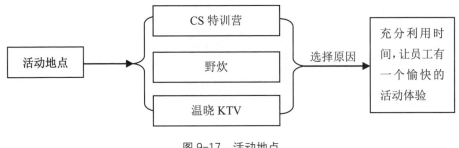

图9-17　活动地点

五、活动受众

【撰写指南】此类活动最好是公司全体员工一同前去参加，若公司人太多或想在活动当天让企业正常运营，则可以让员工分批次参与活动，如图9-18所示。

图9-18　活动受众

六、活动内容

【撰写指南】若活动地点在室外，则选择一些符合室外进行的游戏，若活动地点在室内，则选择一些符合室内进行的游戏，如图9-19所示。

/ 第 9 章 / 企业活动策划

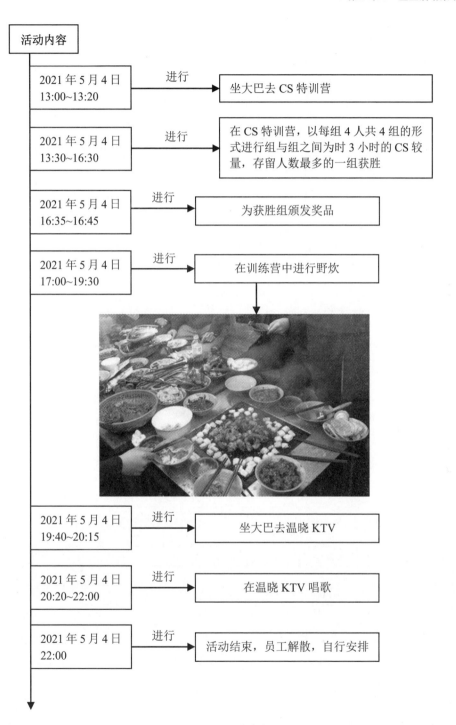

图 9-19 活动内容

七、活动工作安排

【撰写指南】这部分需要将工作安排到合适的管理者手上，如图 9-20 所示。

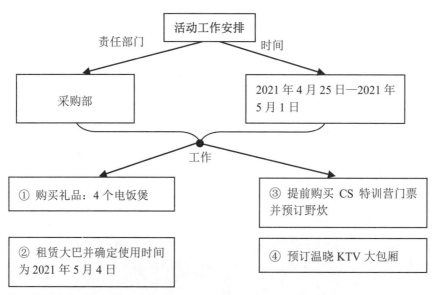

图 9-20　活动工作安排

八、活动预算

【撰写指南】这部分需要将活动中的所有花费计算清楚，如表 9-3 所示。

表 9-3　活动预算表

活动名称	员工娱乐活动			
活动主题	抱团，放飞身心！			
用途	项目	单价	数量	总价
交通	租赁大巴车	200 元/天/辆	1 辆	200 元
礼品	电饭煲	500 元/个	4 个	2000 元
活动项目	CS 特训营门票和野炊	98 元/人	16 人	1568 元
	温晓 KTV	500 元/包		500 元
不可预计花费				332 元
总计				4600 元

【案例分析】

企业员工娱乐活动策划书所涵盖的要素一般大致相同，通过《员工娱乐活动策划书》可以发现,企业员工娱乐活动策划书需要具备八大要素,如图9-21所示。

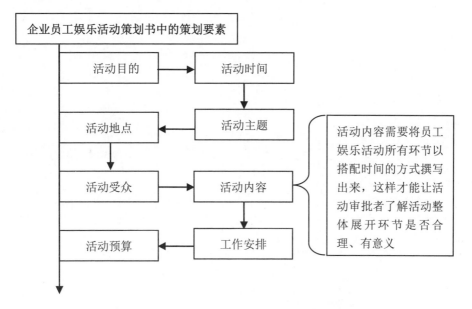

图9-21 企业员工娱乐活动策划书中的策划要素

第 10 章
公关活动策划

/

公益活动策划
新闻发布会策划

10.1 公益活动策划

公益活动是企业公关活动中最为常见的活动之一。对于企业来说，公益活动是一种表达爱心，突出企业富有社会责任感和宣传自我的机会，也是彰显经济实力的表现。

10.1.1 公益活动的策划诀窍

若想成功举办公益活动，第一要素就是需要有一个良好的企业形象，不然一切都"白谈"。若企业没有好的企业形象而进行公益活动，人们是不会去参与的，因为他们没有安全感，难以判断此活动的真假性，从而导致公益活动举办不成功。由此可知，企业的形象好坏对公益活动是否能够举办成功具有比较大的影响。

除了企业形象以外，活动策划者若能掌握策划公益活动的几大诀窍，就能加大活动成功的可能性，如图10-1所示。

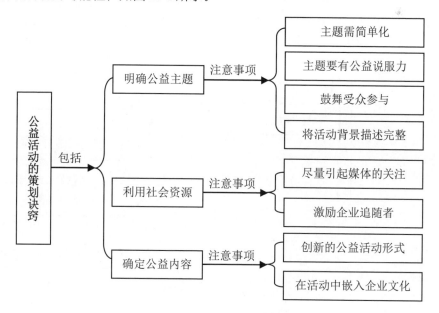

图10-1 公益活动的策划诀窍

10.1.2 公益活动的种类

企业公益活动的种类比较多，虽然每种类型的公益活动对企业提升品牌形象都有一定的影响力，但活动策划者还是需要根据活动主题、资金情况进行公益活动种类的选择，挑选出适合企业当下进行的公益活动。下面就来了解企业公益活动的常见种类，如图 10-2 所示。

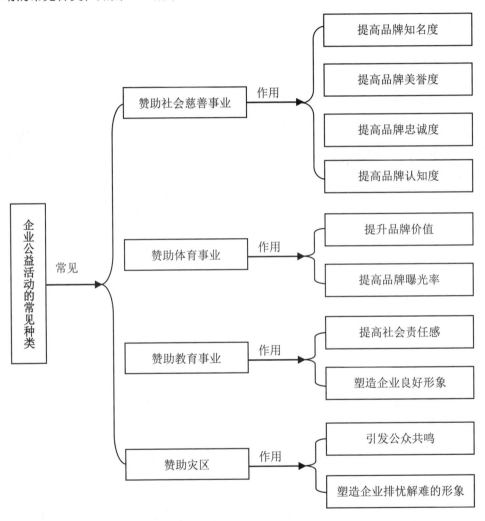

图 10-2 公益活动的常见种类

10.1.3 公益活动的传播

企业在进行公益活动的过程中,传播效益显得非常重要,若效益不佳,则难以引起公众的关注,难以达到企业进行公益活动的目的;若效益极佳,则能引起轰动,届时不管公益活动的举办还是提高品牌知名度来说,都能达到企业之前的预想。

那么,公益活动应该如何去进行传播呢?活动策划者可从以下三个方面入手,如图 10-3 所示。

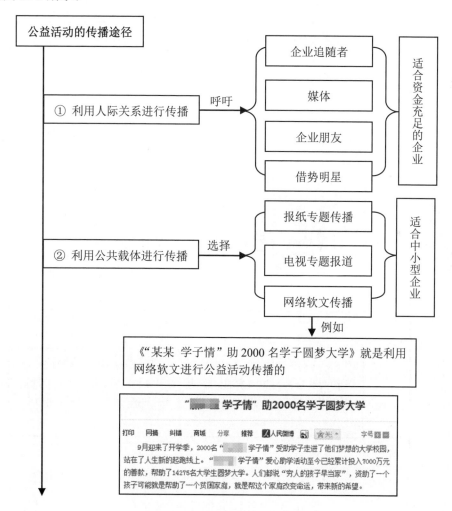

图 10-3　公益活动的传播途径

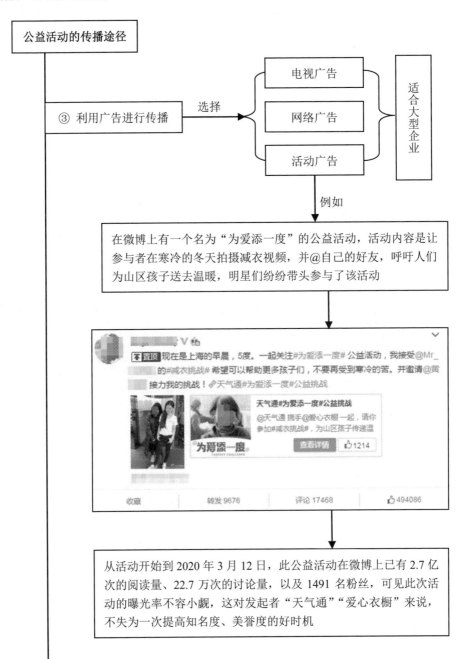

图 10-3　公益活动的传播途径（续）

10.1.4 【实战案例】"红鼻子节"公益活动策划书

下面以"红鼻子节"公益活动为例,为大家讲解如何进行公益活动的策划。

一、活动背景

"红鼻子节"是一个慈善活动,该公益活动创办于1988年,致力于"通过娱乐传递社会正能量,打造一个没有贫困的公正世界"。

该公益活动采用和其他节日结合起来的方式联合举办活动。如"暴走漫画"在国内策划和主办的"六一红鼻子节"活动,获得了广大受众的喜爱和支持,如图10-4所示。

图10-4 "六一红鼻子节"公益活动

"六一红鼻子节"公益活动所得的活动收入,按比例捐赠给"暴走行动公益基金"。另外,活动还借助直播的形式受到更多人的关注和参与,这其中就包括各界明星艺人。

为帮助更多的贫困留守儿童,贡献自己的一份力量,某企业联合某山区小学共同举办了一次"六一红鼻子节"公益活动。

二、活动主题

该活动的主题为:"传递快乐,健康成长"。

三、活动目的

为了帮助困难留守儿童,让这些孩子们能够健康快乐地成长,同时呼吁社会关注和重视这些儿童。

四、活动时间

该公益活动项目在 2020 年 5 月启动，于 6 月 1 日当天举行。

五、活动内容

本次公益活动具体活动内容如图 10-5 所示。

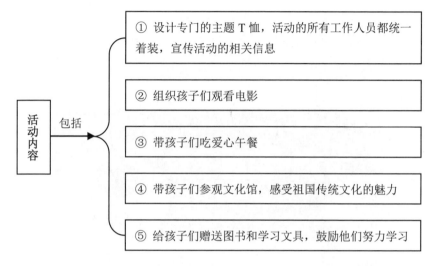

图 10-5　活动内容

六、活动流程

本次公益活动的具体流程如表 10-1 所示。

表 10-1　活动流程

时　　间	事　　件
8:00~8:30	集合学生，做好出发准备
8:30~9:30	开车送孩子们去电影城
9:30~11:30	到达电影城，带孩子们观看电影
11:30~12:00	坐车去餐厅吃爱心午餐
12:00~13:00	到达餐厅就餐
13:00~14:00	坐车去文化馆
14:00~16:00	参观文化馆
16:00~18:00	返回学校
18:00~18:30	到达学校，给孩子们捐赠学习用品
18:30~19:00	进行活动总结，宣布活动结束

10.2 新闻发布会策划

新闻发布会也是企业公关活动中较为常见的一种类型。新闻发布会是指企业在发生重大事件时，可以将新闻媒体聚集在一个空间里公布相应的信息，从而借助新闻媒体对相关事件进行一定的传播。

10.2.1 新闻发布会的策划诀窍

对于活动策划者来说，只有把握策划新闻发布会活动的六大诀窍，才能进一步提高新闻发布会活动的成功概率，如图10-6所示。

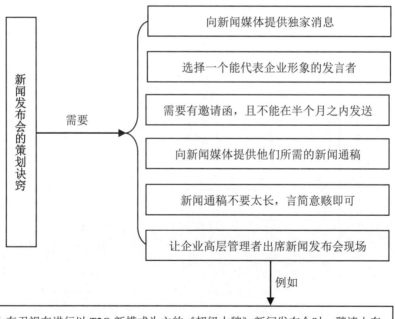

图10-6 新闻发布会的策划诀窍

专家提醒

所谓 T2O 模式,是指观众在观看电视的过程中,运用手机二维码扫描功能对着节目 Logo 进行扫描,就可购买到节目中指定的产品,即是一种"电视+二维码技术+电子商务"的模式。

10.2.2 新闻发布会的特点

有很多活动策划者都不愿策划新闻发布会活动,认为新闻发布会活动所需费用比其他活动要高得多,于是就对新闻发布会"避讳"了起来。新闻发布会之所以会存在,说明它对企业某些方面来说是有好处的。下面就来了解新闻发布会的特点,如图 10-7 所示。

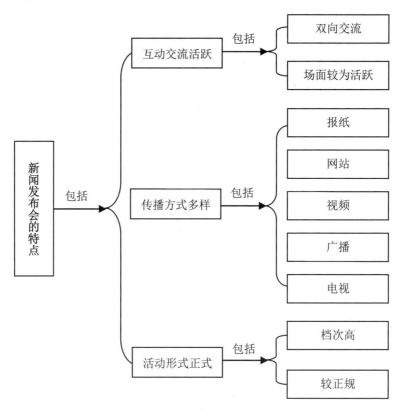

图 10-7　新闻发布会的特点

10.2.3 新闻发布会活动策划的注意事项

新闻发布会具有正式、正规、权威的特点，活动策划者在进行新闻发布会活动的策划时，一定要规避一些容易出现的问题。下面就来了解新闻发布会活动策划的注意事项，如图10-8所示。

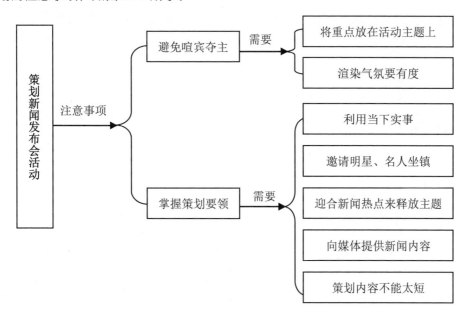

图10-8 策划新闻发布会活动的注意事项

10.2.4 【实战案例】新品新闻发布会策划书

下面以某公司为例，模拟一份新闻发布会策划书，即《新品新闻发布会策划书》，具体内容如下。

新品新闻发布会策划书

一、活动地点

【撰写指南】一般来说，新闻发布会的活动地点最好选择在室内，可以规避突发天气状况，且环境较为安静。但选择在室内举行活动也是有缺点的，若场所面积较小，就不利于摄影记者拍照，因此，室内大小规模一定要挑选好，如图10-9

所示。

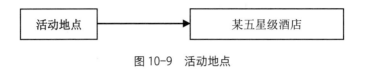

图 10-9　活动地点

二、活动时间

【撰写指南】新闻发布会决不能随意选择时间进行，需要尽量避免以下事项的发生。

- ❑ 与重大政治事件在同一时间举行。
- ❑ 与竞争对手在同一时间举行。
- ❑ 选在一天中上午较早的时间或是晚上举行。
- ❑ 会议举办时间超过 1 小时。

下面就来看一下新品新闻发布会的活动时间，如图 10-10 所示。

图 10-10　活动时间

三、活动主题

【撰写指南】对于企业来说，新闻发布会实质上是一个新品发布会，若品牌比较受欢迎，即使直接以某产品新品发布会为主题，也会有媒体关注，但对于知名度不大的品牌，若也以产品新品发布会为主题，则很难吸引媒体的注意力。因此，活动策划者在主题方面最好是多下点儿功夫，撰写出一个与新产品有关联的且足够吸引人的主题，如图 10-11 所示。

图 10-11　活动主题

四、活动目的

【撰写指南】这部分需要将举办新闻发布会的核心目的表述清楚,如图 10-12 所示。

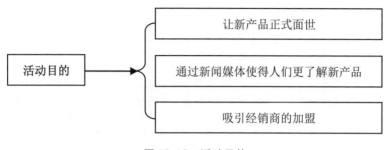

图 10-12　活动目的

五、背景分析

【撰写指南】新闻发布会的背景分析一般与产品、品牌、企业有关,这部分简要介绍一下其发展历史、存在的意义等方面即可,如图 10-13 所示。

> 五、背景分析
>
> 　　香水的历史可上溯至公元前 2000 年左右,远早于其他文明。香水是柔媚的,它用它的热情包裹着我们的生活,给我们创造了许多馨香四溢的感觉和故事。每一个关于香水的感觉和故事都是香甜的,都可以在十足的体验中找到文化的韵味。
> 　　人类最早的香水,就是埃及人发明的可菲神香。但因当时并未发明精炼高纯度酒精的方法,所以准确地说,这种香水应称为香油,是由祭司和法老专门制造的。

图 10-13　背景分析

六、宣传方式

【撰写指南】新闻发布会的宣传手段种类繁多,活动策划者需要根据产品的特性选择合适的宣传方式,如图 10-14 所示。

七、活动对象

【撰写指南】新闻发布会除了要邀请待邀嘉宾等与会相关人员外,一定要邀请新闻媒体人员,有了他们对产品的传播,才多了一份活动成功的保障,如图 10-15 所示。

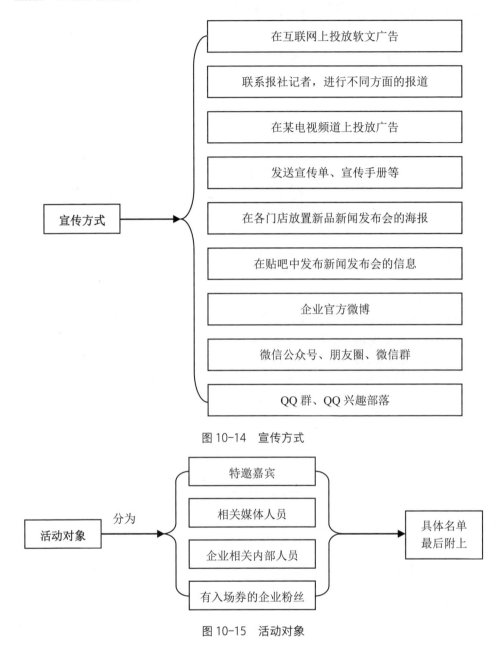

图 10-14　宣传方式

图 10-15　活动对象

八、活动准备工作

【撰写指南】一般来说，新闻发布会的准备工作分为三个部分，活动策划者围绕这三部分进行撰写即可。

- ❏ 现场布置细节。
- ❏ 物料准备细节。
- ❏ 工作人员的配备。

下面就来了解新品新闻发布会的活动准备工作，如图10-16所示。

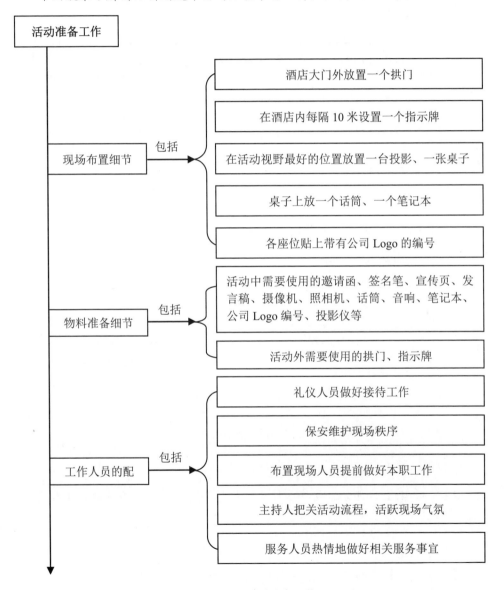

图10-16 活动准备工作

九、活动流程

【撰写指南】这部分一定要将活动中各部分的环节精确到具体时间段，如图 10-17 所示。

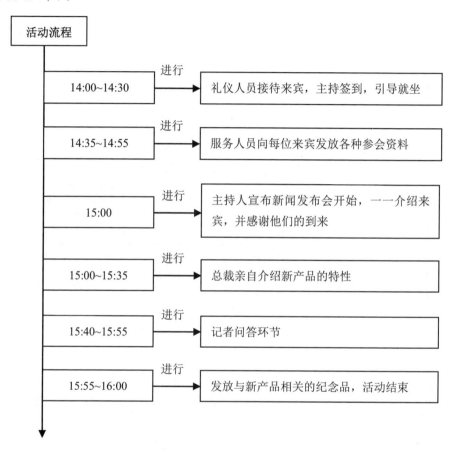

图 10-17　活动流程

十、活动预算

【撰写指南】这部分需要将各种活动花费都列示清楚，尽量做到精准无误。（略）

十一、活动效果评估

【撰写指南】这部分内容是要告诉活动审批者，企业可以从此次新闻发布会活动中获得哪些方面的好处，如图 10-18 所示。

十一、活动效果评估

　　本次新闻发布会能够了解媒体发布情况，收集各种资料，从新闻发布会上来宾的发言、提问、讨论等方面评测新闻发布会的效果，会后还能够收集来宾对于新闻发布会的反馈信息，从而总结经验。

图 10-18　活动效果评估

【案例分析】

　　新闻发布会策划书所涵盖的要素一般大致相同，通过《新品新闻发布会策划书》可以发现，新闻发布会策划书需要具备十一大要素，如图 10-19 所示。

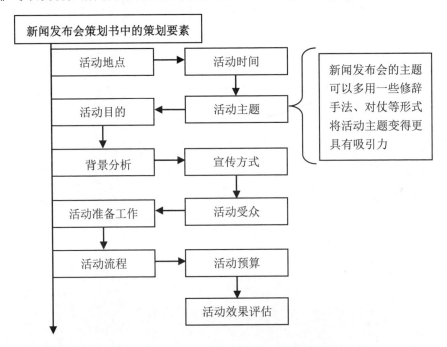

图 10-19　新闻发布会策划书中的策划要素

第 11 章
大学活动策划

/

社团活动策划
班级活动策划

11.1 社团活动策划

社团活动策划是大学活动策划中较为常见的一种类型,毕竟,学生们除了去课堂上课以外,在社团中与团员一起交流、学习也是增长知识的一大途径。而支撑社团长期存在的一大因素就是拥有团员所喜欢的社团活动,只有这样团员们才会对社团产生归属感,才会心系社团的一举一动。

同时,社团也是学校领导所推崇的,因为大学生在校生活没有高中时期那么紧凑,社团活动既能丰富大学生们的在校生活,又能让大学生各自发挥所长,找到一群志同道合的朋友。

下面就来了解社团活动策划的相关内容。

11.1.1 社团活动的策划诀窍

社团是由学生自主创立的,学校领导只是决策者,只要学生有足够的理由打动学校领导,就能够促使社团定然会成立,而社团活动策划书亦是如此,只要围绕以下几点诀窍来策划,社团活动往往都会通过学校领导审批,如图11-1所示。

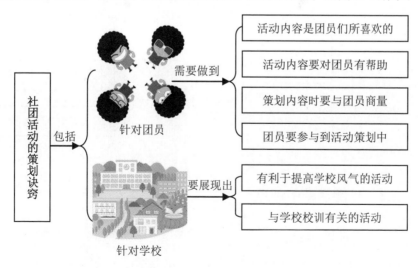

图11-1 社团活动的策划诀窍

11.1.2 社团活动的种类

一般来说，社团活动都会与社团成立主题相关，如舞蹈社团主要组织与舞蹈相关的活动（舞蹈对决赛、舞蹈街上演出等）。按活动种类进行划分，社团活动可分为四种常见类型，如图11-2所示。

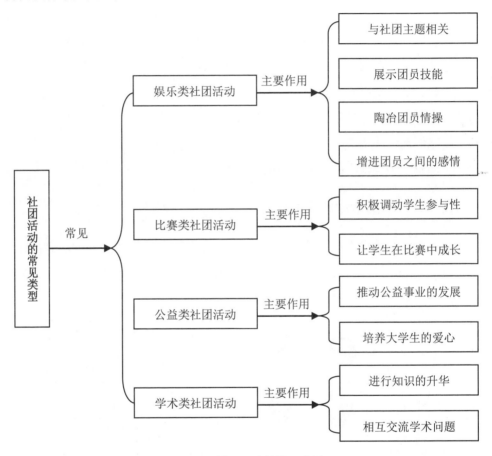

图 11-2　社团活动的常见类型

11.1.3 社团活动的创意

社团活动策划书一定要有亮点，而这个亮点是由创意所体现出来的。若社团活动毫无创意，而是照搬以前的社团活动，则很难通过学校领导者审批。

值得注意的是，社团活动的创意并不是需要像艺术家那样天马行空的创意，而是需要对社团成员、对学习知识有意义，只有这样学校领导才会愿意审批。

11.1.4 【实战案例】"K 歌之王"社团活动策划书

下面就以某学校文娱社所举办的"K 歌之王"社团活动为例，模拟一份社团活动策划书，即《"K 歌之王"社团活动策划书》，具体内容如下。

"K 歌之王"社团活动策划书

一、活动背景

【撰写指南】这部分需要将活动主题简要进行解释，讲出开展活动的意义，对社团成员的价值，如图 11-3 所示。

一、活动背景

唱歌是表达情感的极佳方式，让我们的歌声随风飘扬，飘扬到每一个灵魂中，成为慰藉灵魂的良药。我们文娱人满腔热情，决心用最质朴、最真诚的比赛方式一展歌喉。同时比赛也是为同学们提供了一个展示自己的舞台，让他们尽情讴歌，尽情欢唱，唱出我们青年人的热情与朝气，唱出我校的风采和蒸蒸日上的赞歌。

为了全面提高文娱社团员的综合素质，体现社团丰富多彩的文化内涵；为了展现新一代大学生蓬勃向上的精神风貌；为了营造文明的校园文化氛围，因此策划"k 歌之王"活动。

图 11-3 活动背景

二、活动主题

"K 歌之王，唱响青春"。

三、活动时间与地点

❏ 预选赛：9 月 12 日—9 月 15 日（12:30~14:00 和 17:00~18:00），国贸 1602 教室。

- 复赛：9月19日（13:00~17:00），商英1605教室。
- 决赛：9月23日（15:00~17:30），01号阶梯教室。

四、举办单位

文娱部。

五、承办单位

经管学院团总支外联部。

六、活动对象

经管学院学生。

七、活动目的

【撰写指南】这部分需要用简洁的语言来表达活动目的，如图11-4所示。

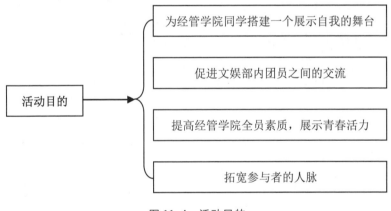

图11-4　活动目的

八、活动内容

【撰写指南】这部分需要以简洁明了为撰写风格，且要将内容表达清晰准确，这样才有利于让学校领导快速了解活动内容，如图11-5所示。

九、活动要求

【撰写指南】这部分需要将活动注意事项，以及容易让人们产生疑虑的地方撰写清楚，如图11-6所示。

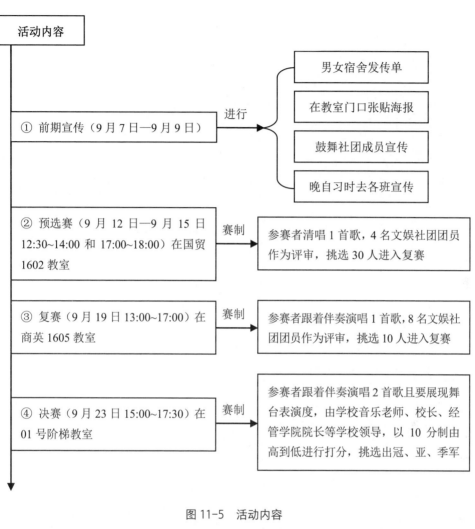

图 11-5　活动内容

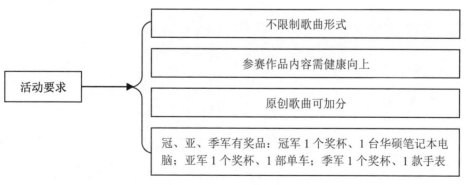

图 11-6　活动要求

十、评分细则

【撰写指南】这部分只要评分合理即可，如表 11-1 所示。

表 11-1 评分细则

评 分 形 式	评 分 内 容
预赛 5 分制	① 表现活泼恰当 ② 曲目积极向上 ③ 声音优美动听
复赛 8 分制	① 音准把握得好，能把握伴奏的节奏，咬字清晰 ② 音色好，表演方式能展现出自信
决赛 10 分制	① 精神面貌好，仪表大方得体 ② 台风好，能鼓动现场气氛 ③ 自信，从容大方 ④ 歌曲好听，不出差错 ⑤ 轻松自然地将歌曲演唱完整

十一、参赛顺序

依靠参赛制抽签顺序进行。

十二、工作安排

【撰写指南】这部分需要合理地将工作分配到合适的人手中，如表 11-2 所示。

表 11-2 工作安排

责 任 人	时 间 安 排	主 要 事 项
社团团长和副团长	8月15日—9月3日	① 制作策划书 ② 等待审批 ③ 审批通过后联系老师申请学校相关教室
不参加比赛的社团团员	8月20日—9月18日	① 去校外拉赞助商 ② 申请活动经费 ③ 购买奖品和装饰品
	9月5日—9月11日	① 负责宣传海报、宣传单的制作 ② 到每个寝室发放宣传单 ③ 晚自习时去各班宣传
	9月5日—9月19日	① 制作邀请卡 ② 邀请各位老师出席担任评委

十三、活动预算

【撰写指南】这部分需要将所有需要花费项目都撰写清楚，如表 11-3 所示。

表 11-3　活动预算

活动名称	"K 歌之王"社团活动			
活动主题	"K 歌之王，唱响青春"			
用　途	项　目	单　价	数　量	总　价
宣传	邀请函	10 元/张	10 张	100 元
	宣传海报	5 元/张	30 张	150 元
	宣传单	2 元/张	200 张	400 元
	拉赞助车费	2 元/次	40 次	80 元
装饰	气球	1 元/打	50 打	50 元
	彩带	3 元/卷	3 卷	9 元
	胶布	2 元/个	10 个	20 元
设备租用	租用音响	100 元/天	2 天	200 元
	话筒	30 元/天	2 天	60 元
礼品	奖杯、笔记本电脑、单车	赞助商赞助		无
不可预计花费				431 元
总计				1500 元

十四、活动总结

此次活动总结可以从五个方面入手，如图 11-7 所示。

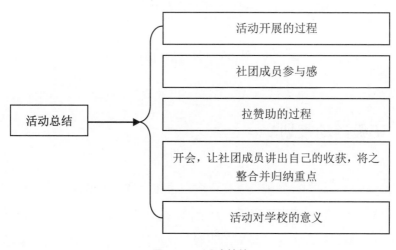

图 11-7　活动总结

【案例分析】

社团活动策划书所涵盖的要素一般大致相同，通过《"K歌之王"社团活动策划书》可以发现，社团活动策划书需要具备十四大元素，如图11-8所示。

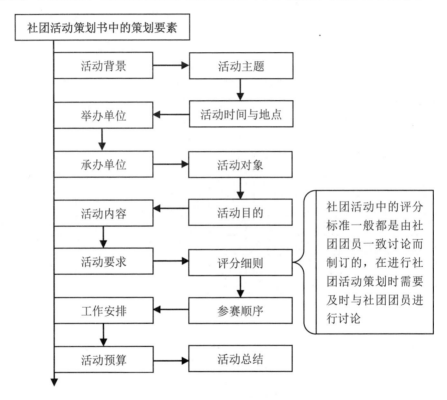

图11-8　社团活动策划书中的策划要素

11.2　班级活动策划

大学不像小初高那样同班同学在一个教室里上课，很多大学生都是在移动阶梯教室中一起上大课（即不同班级一起上课，人非常多），从而使得同班同学交流的时间较少。班级活动就是一种调动班级气氛，让班级同学相处更加融洽的一种方式。

11.2.1 班级活动的策划诀窍

活动策划者在进行班级活动策划时需要注意，不要随意组织活动，毕竟活动是需要经费的，而班级活动的经费一般都是同学们缴纳的班费，若活动不能让同学们满意，那么班级活动就不仅不会加强同学之间的感情，反而会让同学们满是怨言，这就是所谓的"出力不讨好"。因此，活动策划者在策划班级活动时，一定要掌握六种诀窍，只有这样班级活动才会举办成功，如图11-9所示。

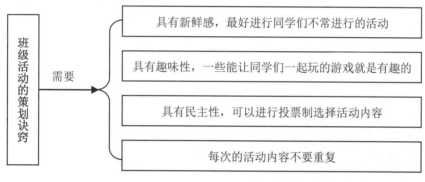

图 11-9　班级活动的策划诀窍

11.2.2 策划班级活动的意义

对于大学生来说，班级活动是和同学进一步认识，和老师进一步交流的桥梁。因此，班级活动是大学活动中最常见的类型。例如，主题班会就是一种既具有教育意义又能增加同学之间彼此了解机会的班级活动，这样的活动看似枯燥，但只要活动内容是同学们感兴趣的，能调动同学们积极参与，那么就必将会是一次让同学们受益匪浅的活动。

11.2.3 班级活动策划的注意事项

值得注意的是，班级活动不应举行得太过频繁，否则很容易降低同学们对班级活动的期待，一个学期举行2~3次即可，且活动与活动之间的间隔最少要在35天以上，这样调动同学们参与性的概率就比较大。

若班级活动在室外进行，则一定要嘱咐同学们注意安全，服从安排，最好在进行活动之前就将出行的注意事项告之给同学们，只有这样才能减少活动突发事件的出现。

11.2.4 【实战案例】"春意袭来情谊递增"活动策划书

下面以某大学班级活动为例，模拟一份班级活动策划书，即《"春意袭来情谊递增"活动策划书》，具体内容如下。

"春意袭来情谊递增"活动策划书

一、活动背景

清风袭来，春意浓浓，这是一个万物复苏的季节，也是一个同学们丢掉冬天带来的负重感而放松自我的好时节。为了增进同学之间的感情，开拓大家的视野，特以此次活动——"春意袭来情谊递增"来丰富同学们的课余生活，让大家感受春天带给我们的清新、优雅的"视听盛宴"。

二、活动主题

南郊公园一日游。

三、活动目的

【撰写指南】班级活动最为常见的目的就是增进同学之间的感情，如图 11-10 所示。

二、活动目的

经过一年多的相处，同学们关系已基本融洽，但男生与女生之间、各寝室之间还是存在不同程度的陌生。为增加班级凝聚力，增进班级团结及同学之间的交流，我们以此次活动丰富大家的课余生活，并开拓大家的视野，使大家的身心得到陶冶。

图 11-10 活动目的

四、活动时间

4月15日。

五、活动地点

南郊公园。

六、策划人员

电商1201班学习委员。

七、参与人员

电商1201班全体同学（40名）。

八、组织方式

【撰写指南】一般来说，班级活动的组织方式分为两种：户外活动和室内活动。"春意袭来情谊递增"活动的组织方式如图11-11所示。

图11-11　组织方式

九、可行性分析

【撰写指南】班级活动策划书的可行性分析主要从以下三个方面来进行，如图11-12所示。

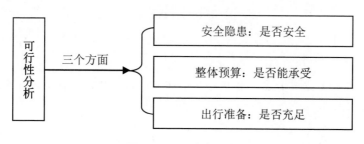

图11-12　可行性分析

下面为"春意袭来情谊递增"活动的可行性分析，如图 11-13 所示。

> 九、可行性分析
>
> 　　本次南郊公园一日游，每人路费来回 60 元，烧烤门票费每人 20 元，整体预算大约为 4000 元，在我们能承受的范围内。集体活动不存在大的安全隐患，经过三个星期的精细策划，此次活动我们做了充分的准备，能确保活动安全地进行。

图 11-13　可行性分析

十、注意事项

【撰写指南】这部分需要将户外出行需要注意的事项叙述出来，如图 11-14 所示。

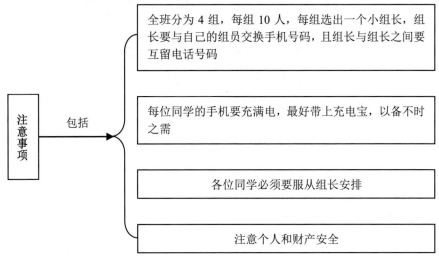

图 11-14　注意事项

十一、活动流程

【撰写指南】这部分需要将活动各个环节都写清楚，这样老师才会放心审批活动，如表 11-4 所示。

表 11-4 活动流程表

时间	内容
4月15日 9:00	班级干部一同去超市或菜市场购买烧烤食材
4月15日 10:25	全班同学在学校门口排队，坐上大巴等候出发
4月15日 10:40	清点人数之后，正式前往南郊公园
4月15日 11:20	抵达南郊公园门口，清点人数，同学们排队前往南郊公园烧烤区
4月15日 11:40	进入南郊公园烧烤区，10人一个烧烤台，自由进行烧烤项目
4月15日 14:30	找一个空旷的位置，以小组为单位玩"撕名牌"游戏，每队的胜利者相互对决，第一名可得到半个月的免费饭卡奖励
4月15日 15:50	自由活动
4月15日 16:50	在南郊公园南门口集合，清点人数，坐大巴回学校
4月15日 17:30	抵达学校门口，活动结束

【案例分析】

班级活动策划书所涵盖的要素一般大致相同，通过《"春意袭来情谊递增"活动策划书》可以发现，班级活动策划书需要具备十一大要素，如图 11-15 所示。

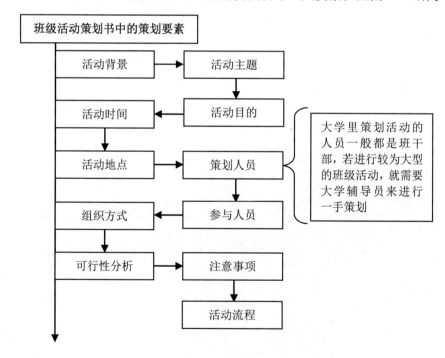

图 11-15　班级活动策划书中的策划要素

第 12 章
微信活动策划

/

微信朋友圈活动策划
微信公众号活动策划

12.1 微信朋友圈活动策划

微信朋友圈活动是微信活动策划中重要的活动类型之一。所谓微信好友圈活动，是指活动策划者利用微信朋友圈的功能，邀请自己微信里的好友积极参与活动，并鼓动他们转发，形成"病毒"式传播，从而让活动得到更好的曝光率。

12.1.1 微信朋友圈活动的策划诀窍

策划微信朋友圈活动的成功诀窍包括以下两点：一是让微信朋友对活动感兴趣，二是能让微信朋友以互动的形式获利。

一般来说，活动策划者想要让自己微信朋友圈的活动激发起微信好友的兴趣，是需要经过一段时间的调查才能实现的。那么该如何进行调查呢？

其实很简单，活动策划者可以让活动团队成员与他们的微信好友一一交谈，在交谈的过程中挖掘出微信好友对微信活动的喜好与厌烦，然后将他们回答的内容整合在一起，筛选出合适的内容，再将这些内容结合到自己的活动中，这样策划出来的活动必然能引起微信朋友们的关注。

活动策划者可以问自己的微信好友四个问题，将这些问题的答案作为活动策划的参考因素，如图12-1所示。

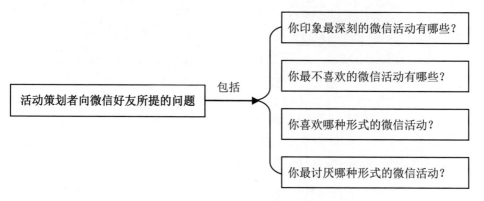

图 12-1　活动策划者向微信好友所提的问题

 **专家提醒**

活动策划者可以将从微信好友那里获取的信息整理到纸上,之后进行总结性分析,若信息太多则可以放在 excel 表格中进行分析。

活动策划者还需要将从微信好友那里获取的可用信息与"互动""获利"衔接在一起,那么该如何将它们衔接在一起呢?

方法是只要朋友圈活动具有较强的娱乐性即可。如用玩游戏的方式来与微信好友进行互动,用红包让微信好友获利。图 12-2 为某娱乐性强的微信朋友圈活动:扫描二维码加好友并将活动信息进行转发,然后将转发到朋友圈的内容截图发给活动方,活动方以摇骰子的大小给活动参与者发送红包。

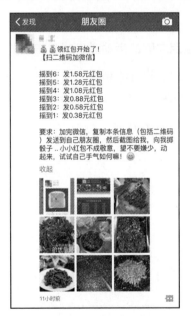 

图 12-2　某娱乐性强的微信朋友圈活动

12.1.2　微信朋友圈活动的类型

微信朋友圈活动的类型有很多,不过并不是每种活动类型都能吸引微信好友的注意力。下面就来了解几种较为受欢迎的微信朋友圈活动类型,如图 12-3 所示。

/ 第 12 章 / 微信活动策划

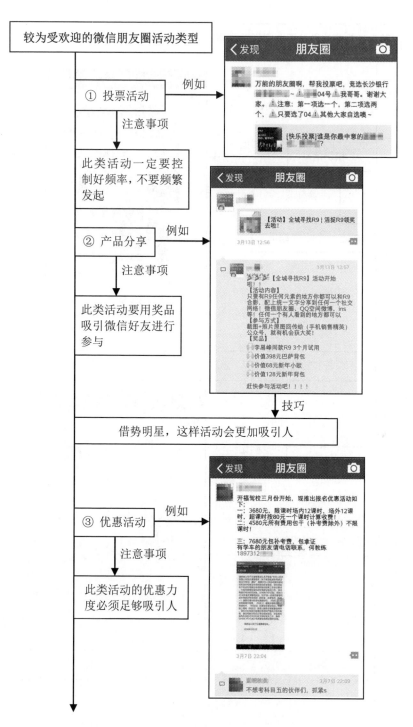

图 12-3 较为受欢迎的微信朋友圈活动类型

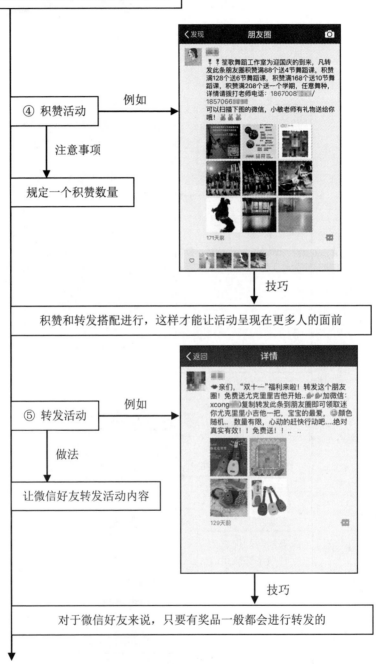

图 12-3　较为受欢迎的微信朋友圈活动类型（续）

第 12 章 / 微信活动策划

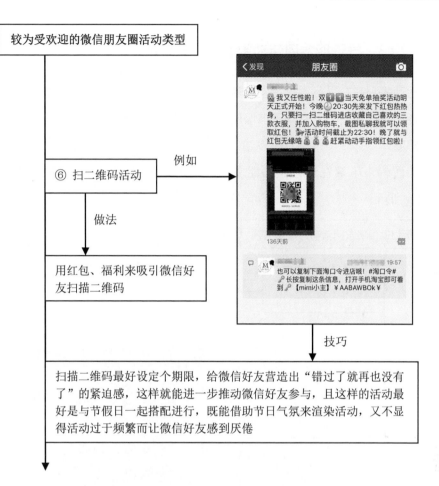

图 12-3 较为受欢迎的微信朋友圈活动类型（续）

专家提醒

活动策划者在选择微信朋友圈活动类型的过程中，需要考虑以下两个方面，才能策划出一个成功的活动。

- 考虑活动经费，谨记依照"节约、实用、有价值"的原则进行策划。
- 考虑活动目的，不同的活动目的选择不同的活动类型。例如，若活动目的是为促销产品，则可以选择优惠活动；若活动目的是为提高品牌知名度，则可以选择积赞活动；若活动目的只是想增加微信好友数量，则可以选择扫二维码活动。

12.1.3 微信朋友圈活动策划的注意事项

活动策划者在进行微信朋友圈活动策划时,千万不要未经深思熟虑就将策划好的活动发布出去,若活动不够吸引人,很有可能就会降低企业在微信好友心中的好感度。

下面就来了解在进行微信朋友圈活动策划的过程中需要注意的事项,如图 12-4 所示。

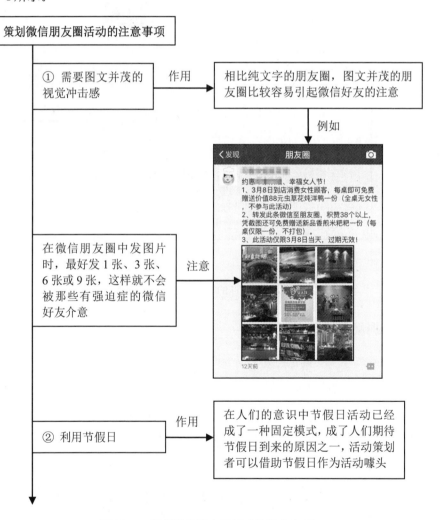

图 12-4 策划微信朋友圈活动的注意事项

/ 第12章 / 微信活动策划

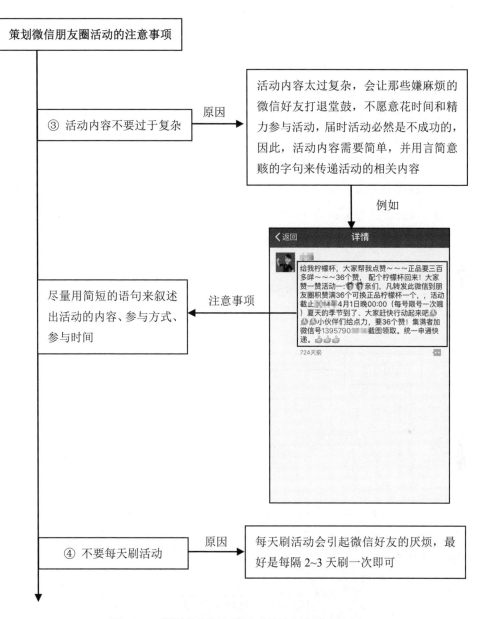

图 12-4 策划微信朋友圈活动的注意事项（续）

12.1.4 【实战案例】"芝士肋排积赞"活动策划书

下面以某餐饮企业芝士肋排积赞活动为例，模拟一份微信朋友圈活动策划书，即《"芝士肋排积赞"活动策划书》，具体内容如下。

"芝士肋排积赞"活动策划书

一、活动目的

【撰写指南】微信朋友圈活动的目的一定要明确，只有活动目的明确，才能选择一个合适的活动类型，合适的活动类型也是促使活动走向成功的一大因素。一般来说，微信朋友圈活动的常见目的如下。

❑ 提高企业品牌知名度。
❑ 提高产品或品牌口碑。
❑ 提升企业产品的销量。
❑ 树立良好的企业形象。
❑ 提高微信好友的数量。

"芝士肋排积赞"活动的活动目的如图 12-5 所示。

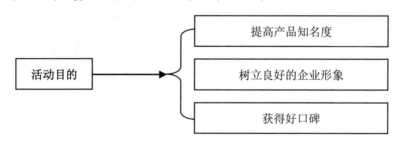

图 12-5　活动目的

二、活动主题

【撰写指南】微信朋友圈活动的主题一定要像"标题党"一样出彩才行，只有那些内容新颖奇特，足够吸引微信好友关注的活动主题，才能得到更多人的关注，如图 12-6 所示。

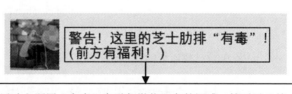

图 12-6　活动主题

/ 第12章 / 微信活动策划

 **专家提醒**

值得注意的是，活动策划者在进行微信朋友圈活动的策划时，要让活动内容与主题相符。活动策划者在决定活动主题的过程中，一定要暗示自己："只做一个人人点赞的标题党，不做人人喊打的恶性标题党。"

三、活动类型

【撰写指南】微信朋友圈活动的类型需要依据活动目的来进行确定。下面就来了解微信朋友圈活动中常见活动目的下与之最为匹配的活动类型，如图 12-7 所示。

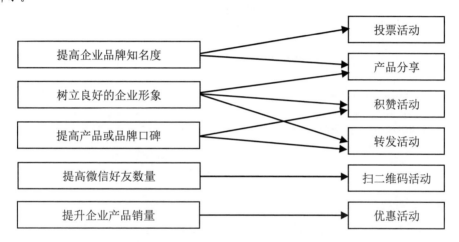

图 12-7 与活动目的所对应的活动类型

"芝士肋排积赞"活动的活动类型，如图 12-8 所示。

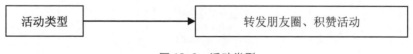

图 12-8 活动类型

四、活动时间

【撰写指南】微信朋友圈活动时间的安排最好从以下两个方面考虑。

❏ 每年节假日。
❏ 对企业来说比较重要的日子。

"芝士肋排积赞"活动的活动时间如图 12-9 所示。

图 12-9 活动时间

五、活动地点

【撰写指南】微信朋友圈活动地点分为以下两个方面。

- 参与地点，在微信朋友圈上。
- 兑现地点，线上线下都可以，根据活动内容决定。

"芝士肋排积赞"活动的活动地点如图 12-10 所示。

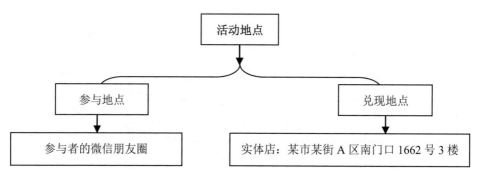

图 12-10 活动地点

六、活动内容

【撰写指南】微信朋友圈活动内容主要以活动参与方式为主，如图 12-11 所示。

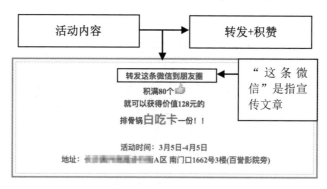

图 12-11 活动内容

活动策划者最好在活动内容的下方附上一张人们参与活动的形式图，这能让活动审批者进一步了解活动的参与方式，如图 12-12 所示。

/ 第 12 章 / 微信活动策划

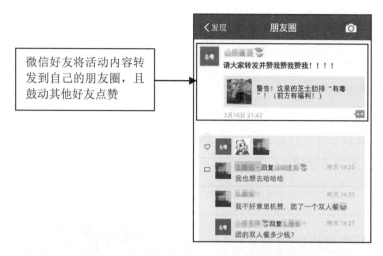

图 12-12　微信好友参与朋友圈活动的形式图

七、活动宣传

【撰写指南】微信朋友圈活动的宣传方式可分为以下两种。

❑　直接在微信朋友圈道出活动内容。

❑　用链接的方式展示活动内容。

"芝士肋排积赞"活动的活动宣传如图 12-13 所示。

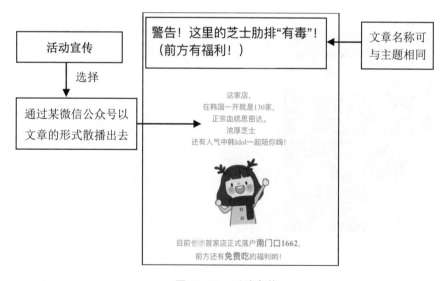

图 12-13　活动宣传

活动策划者在进行宣传文章的撰写时，需要将以下三个方面的内容融入宣传文章中。

- 活动参与方式。
- 对参与者的好处。
- 活动卖点。

"芝士肋排积赞"活动的宣传文章将活动参与方式和活动福利全都撰写了进去，活动卖点则是通过图文并茂地介绍产品特色的方式来展现的，如图12-14所示。

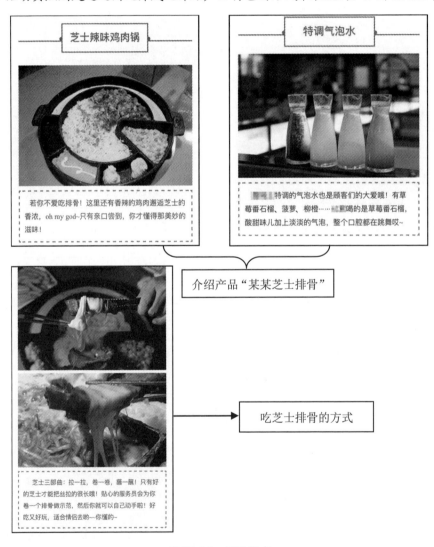

图12-14 活动卖点

【案例分析】

微信朋友圈活动策划书所涵盖的要素一般大致相同，通过《"芝士肋排积赞"活动策划书》可以发现，微信朋友圈活动策划书需要具备七大要素，如图 12-15 所示。

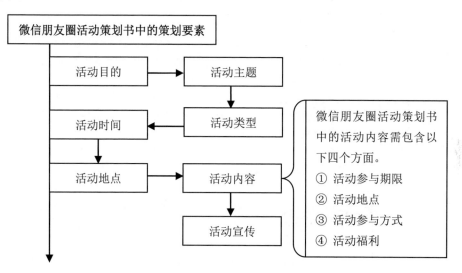

图 12-15　微信朋友圈活动策划书中的策划要素

12.2　微信公众号活动策划

随着微信用户数量的增多，很多企业都将商机转向了微信公众号平台，于是就出现了几乎每个企业都会运营一个或多个微信公众号的现象，这对活动策划者来说，无疑是增添了一个进行活动的渠道。

12.2.1　微信公众号活动的策划诀窍

对于企业微信公众号的运营策略来说，一直都需要以"内容为王"为理念，为关注企业微信公众号的用户带来有价值、感兴趣的内容。因此，微信公众号上的活动也需要让微信用户感兴趣才行。

那么该如何让微信公众活动具有吸引微信用户的特征呢？其实操作起来非常简单，活动策划者只要将"活动亮点"融入活动即可。微信公众号活动亮点可以从三个方面出发，如图12-16所示。

图 12-16　微信公众号活动的亮点

图 12-16 微信公众号活动的亮点（续）

活动策划实战攻略：
品牌推广+人气打造+实战案例

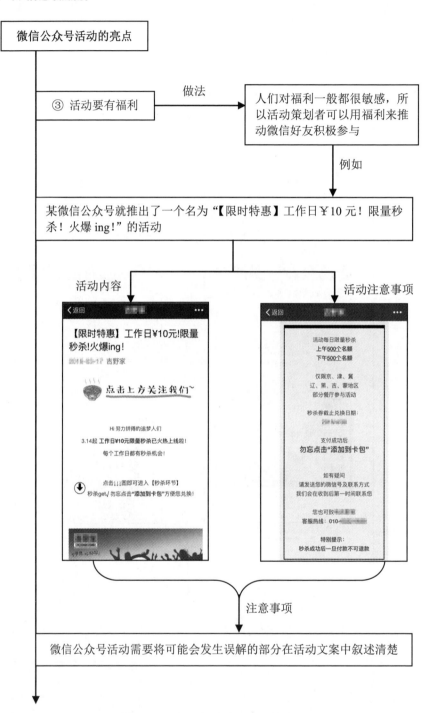

图 12-16 微信公众号活动的亮点（续）

12.2.2 微信公众号活动的推送时间

微信公众号活动的推送时间是有一定讲究的，并不是随着活动策划者的心情而定的。一般来说，微信公众号活动推送时间最好定在早上 7:00~9:00 或者是晚上 21:00~22:30 这两个时间段，如图 12-17 所示。

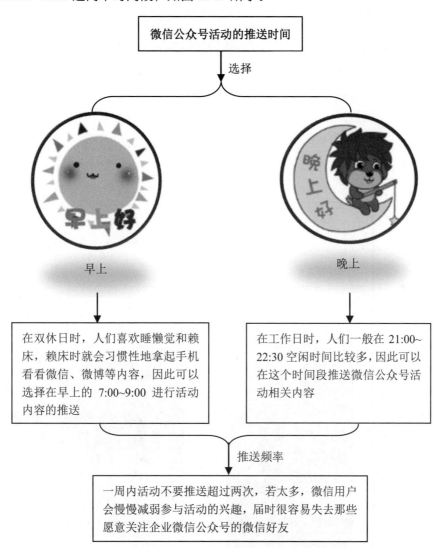

图 12-17　微信公众号活动的推送时间

12.2.3 微信公众号活动策划的注意事项

活动策划者在策划微信公众号活动时，需要与之前策划的微信公众号活动有相应的区别，千万不要千篇一律地都采用同样的形式，这样很容易让微信好友降低新鲜感与参与感，因此，活动策划者需要策划不同类型的活动内容或用不同的方式将活动内容展示出来。

微信公众号活动的类型其实与微信朋友圈活动差不多，都可以分为投票活动、产品分享、优惠活动、积赞活动、转发活动、扫二维码活动。微信公众号活动的展现方式如图 12-18 所示。

图 12-18 微信公众号活动的展现方式

图12-18 微信公众号活动的展现方式（续）

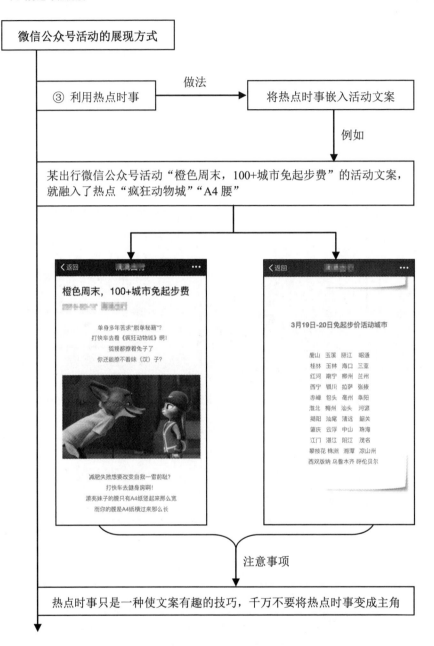

图 12-18 微信公众号活动的展现方式（续）

12.2.4 【实战案例】免费体验手机副号活动策划书

下面以某微信公众号活动为例，模拟一份微信公众号活动策划书，即《免费体验手机副号活动策划书》，具体内容如下。

免费体验手机副号活动策划书

一、活动时间

【撰写指南】微信公众号活动的时间包括以下两个方面：

❑ 活动参与时间。

❑ 活动推送时间。

免费体验手机副号活动的活动时间如图 12-19 所示。

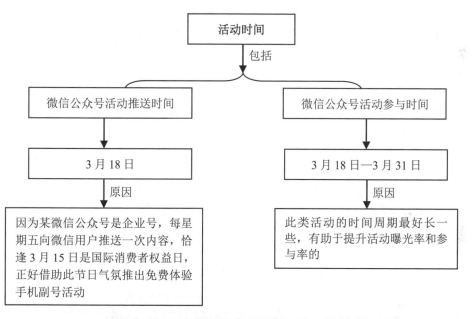

图 12-19　活动时间

二、活动目的

【撰写指南】活动策划者在进行微信公众号活动策划时，需要明确活动目的，这是成功举办活动的前提条件。图 12-20 为"免费体验手机副号活动"的活动目的。

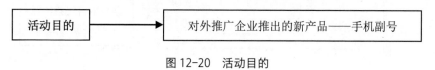

图 12-20　活动目的

三、活动主题

【撰写指南】活动策划者在进行微信公众号活动策划时,需要结合活动目的来进行活动主题的制定。图 12-21 为《免费体验手机副号活动策划书》中的活动主题。

图 12-21　活动主题

四、活动内容

【撰写指南】微信公众号活动的活动内容是以文案的形式展示出来的,文案中需要包括以下内容。

- ❏ 描述活动主题。
- ❏ 讲解活动细节。
- ❏ 活动参与步骤。
- ❏ 活动参与规则。

《免费体验手机副号活动策划书》中的活动内容如图 12-22 所示。

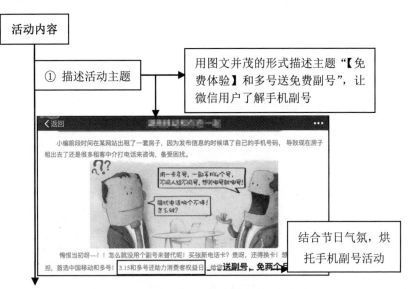

图 12-22　活动内容

/ 第 12 章 / 微信活动策划

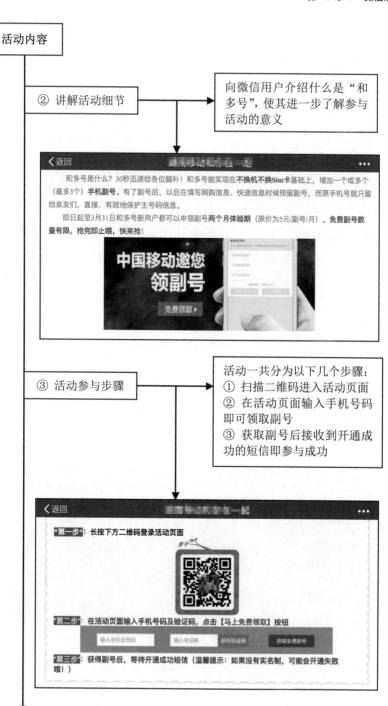

图 12-22 活动内容（续）

活动策划实战攻略：
品牌推广+人气打造+实战案例

图 12-22　活动内容（续）

【案例分析】

微信公众号活动策划书所涵盖的要素一般大致相同，通过《免费体验手机副号活动策划书》可以发现，微信公众号活动策划书需要具备四大要素，如图 12-23 所示。

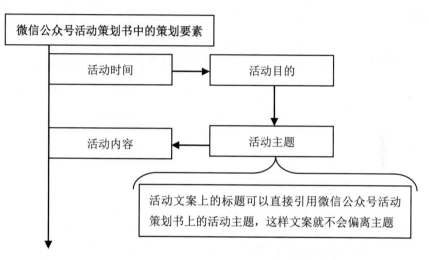

图 12-23　微信公众号活动策划书中的策划要素

第 13 章
庆典宴会活动策划

/

庆典类活动策划
宴会类活动策划

13.1 庆典类活动策划

庆典是各种庆祝仪式的统称。中华民族是一个有着悠久历史和文化传承的民族，庆典活动由来已久，且很多有着古老习俗的庆典活动仍然存在并焕发出新活力。每逢重要节日或店铺周年，就会出现规模不一、形式多样的庆典活动，这些庆典活动随着国家经济和文化的发展，与各行各业结合起来，助力企业宣传和营销活动。图13-1为××企业周年庆典活动现场展示。

图13-1　××企业周年庆典活动现场展示

那么应该如何策划庆典活动呢？下面就带领活动策划者了解庆典活动策划过程中应该掌握的技巧和需要注意的事项，并通过具体的案例来解读庆典活动策划全流程。

13.1.1 庆典活动策划的技巧

当掌握了一定的技巧后，策划庆典活动就会更加顺利，且能更加省时、省力。下面从五个方面介绍建立在实战基础之上的庆典活动策划技巧，具体内容如下。

1. 对策划方案的要求

活动策划者在考虑和撰写策划方案时，首先要做到把活动中可能出现的各种情况都考虑进去，特别是对活动细节的把控，要做到万无一失，只有这样才能为活动的圆满举办奠定基础。

一般来说，活动策划者可从以下方面着手（见图 13-2），做到面面俱到、层层深思，反复斟酌，只有如此才能做好活动策划方案。

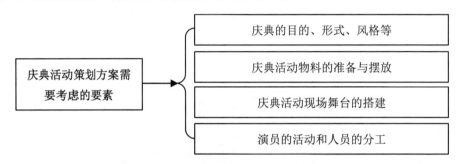

图 13-2　庆典活动策划方案需要考虑的要素

2. 对活动现场的要求

做好活动策划方案后，如果没有在活动现场的执行过程中把控好全局，那么即使活动策划方案再周全、再详细，也是无法确保活动圆满举办的。可见，活动执行过程中的现场把控环节非常重要。

活动现场如果每个人都各行其是，没有一个中心和统筹人员，在活动事项众多和工作人员需要协同的情况下就有可能会失去控制。因此，所有的活动都需安排专门的现场负责人来把控全局。

现场负责人的主要职责是做好活动举办方、参与方和工作人员的协商、沟通工作，其中，既有举办方、参与方和工作人员群体内部的协商与沟通，也包括三者之间的协商与沟通。因此，在选择现场负责人时要慎重，如果没有特别合适的人选，那么至少要确保其对活动相关产品和策划方案是熟悉的，具体分析如图 13-3 所示。

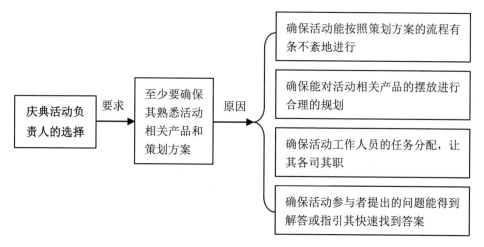

图 13-3　庆典活动负责人的选择

3．对舞台布置的要求和技巧

在活动过程中，布置舞台并不是把相关物料和道具摆放好就算是完成了，而是需要根据具体的活动进行安排，以便契合活动目的和主题。以企业庆典活动为例，其舞台布置的要求和技巧如图 13-4 所示。

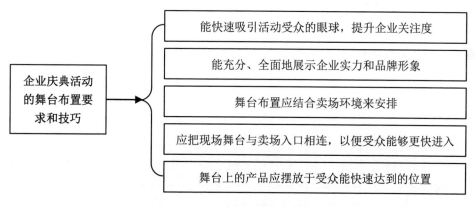

图 13-4　企业庆典活动的舞台布置要求和技巧

4．对氛围营造的要求和技巧

在活动执行过程中，氛围非常重要，它直接影响活动受众的参与体验和积极性。因此，在活动策划环节应安排相应事项，来营造热闹、和谐的活动气氛。一般来说，活动现场氛围的营造，除了与环境布置有关系，还与人有着密切的关系，特别是活动主持人与相关工作人员。

在此以企业为例,从主持人和相关工作人员(主要是营销人员)的角度,来介绍一下活动现场氛围营造要求。

首先,从活动主持人的角度来看,在营销人员的配合下,主持人要做的工作就是聚集人气,因此,在选择活动主持人时要掌握一定的技巧,如图 13-5 所示。

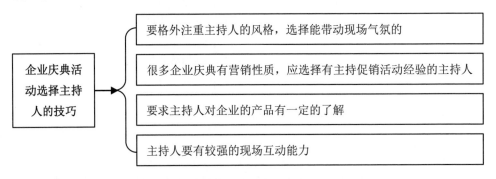

图 13-5　企业庆典活动选择主持人的技巧

在选择企业庆典活动主持人时,只有掌握这些技巧,才能达到企业成功举办活动的目的,即在充分带动活动现场气氛的情况下促进产品销售,提升产品销售额。

其次,从相关工作人员的角度来看,在主持人的配合下,相关工作人员要做的工作就是产品销售,因此,在选择相关工作人员时也应该掌握一定的技巧,并对其在活动现场的行为提出一定要求,具体如图 13-6 所示。

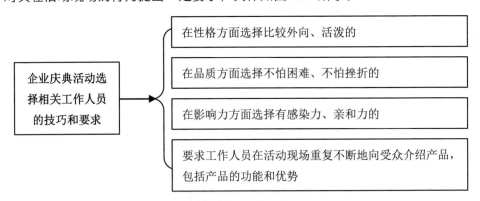

图 13-6　企业庆典活动选择相关工作人员的技巧和要求

通过图 13-6 所示的技巧和要求来选择相关工作人员,能更好地与活动受众沟通、交流，也能让受众更多地了解产品，这样一方面宣传了企业和产品，另一方面也促进了活动参与者直接下单购买。

5．对人员安排的要求

上文介绍了选择活动主持人和相关工作人员时应掌握的技巧和要求，接下来要做的是让他们在活动中发挥各自的作用，这就需要人员安排要到位，具体如图13-7所示。

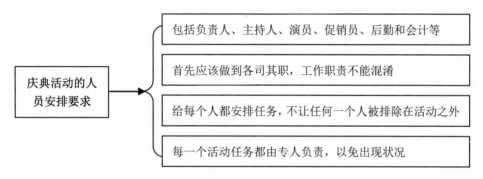

图13-7　庆典活动的人员安排要求

当然，做好人员安排后，还应该对人员进行专项指导，确保在活动执行过程中每一个人都能人尽其力，每一项任务都能完美完成。

13.1.2　庆典活动策划的注意事项

在策划庆典活动时，活动策划者不仅应掌握前文介绍的技巧，并把握庆典活动的大方向，还应了解庆典活动的注意事项。总的来说，策划庆典活动需要注意的事项包括四个方面，具体分析如下。

1．在规模方面要适度

庆典活动作为一种礼仪性活动，并不是随时、随地就能举行的，它需要按照国家推出的规章制度进行申报，获得审批后才能举办。图13-8为《节庆活动管理办法（试行）》中关于审批的部分内容。

可见，举办庆典活动是需要遵循适度原则的。其实，除了在申报方面外，还应该在以下两个方面遵循适度原则，具体如图13-9所示。

第三章 审批原则

第八条 节庆活动的审批应当按照依据明确、数量适当、规模适度、经费合规的总体要求,从严掌握,注重实效,防止形式主义和铺张浪费。

第九条 举办节庆活动必须贯彻落实科学发展观,坚持围绕中心、服务大局,对推动经济发展、弘扬先进文化、丰富群众生活、促进社会和谐具有重要意义。

第十条 公祭类节庆活动应当以祭祀中华民族人文始祖、祭拜作出重要贡献的历史人物、纪念重大历史事件为主题,具有传承优秀文化、激发爱国热情、弘扬传统美德、增进民族团结的积极作用,举办周期原则上不少于2年。

第十一条 严禁举办宣扬封建迷信、文化糟粕的节庆活动。

第十二条 严格控制举办机关单位成立、行政区划变更的纪念性庆典。直辖市、省会(自治区首府)城市及副省级城市一般不举办城市周年庆典,市(地)、县(市)不得举办任何形式的周年庆典活动。

第十三条 学校、医院、科研院所等事业单位一般不举办周年庆典活动,逢十逢百周年等确需举办的,应当按规定报批。

第十四条 各级党政机关不得举办楼堂馆所奠基和竣工庆典活动。

第十五条 中央和国家机关及其所属机关、事业单位等原则上不得与地方联合举办(包括主办、协办、赞助、支持等名义)节庆活动,确需联合举办的,应当按审批权限报党中央、国务院或主管部门批准。

第四章 审批程序

第十六条 中央和国家机关、人民团体、有关社团,各省(自治区、直辖市)党委、人大、政府、政协拟举办节庆活动的,主办单位应当至少提前3个月,于每年4月或者9月按归口分别向党中央、国务院提出申请;特殊情况需临时举办节庆活动的,可单独申请。

省会以下地区、部门和单位,中央和国家机关、人民团体、有关社团所属机关、事业单位等拟举办公祭类节庆活动的,应当根据第一款规定的时间分别通过省(自治区、直辖市)党委、政府,中央和国家机关、人民团体、有关社团,向党中央、国务院提出申请。

各省会(自治区首府)城市、副省级城市因特殊情况拟举办行政区划变更类节庆活动的,应当根据第一款规定的时间通过省(自治区)党委、政府按归口分别向党中央、国务院提出申请。

举办节庆活动原则上不搞周期化,确需定期举办的,应当专项报批。

第十七条 申请举办公祭类节庆活动,应当事先履行专家论证和公开听证程序,并书面征得文化部同意;申请举办涉外节庆活动,应当事先书面征得外交部同意;申请举办旅游类节庆活动,应当事先书面征得省级以上旅游行政管理部门同意;申请举办行政区划变更类节庆活动,应当事先书面征得省级以上人民政府同意。

第十八条 全国清理和规范庆典研讨会论坛活动工作领导小组对申请项目进行审核,并提出建议批准项目名单,报党中央、国务院审批后1个月内通过中国政府网向社会公布。

第十九条 省(自治区、直辖市)清理和规范庆典研讨会论坛活动工作领导机构对申请项目进行审核,并提出建议批准项目名单,报省级党委、政府审批后1个月内通过省级政府网站向社会公布。

图 13-8 《节庆活动管理办法(试行)》中关于审批的部分内容

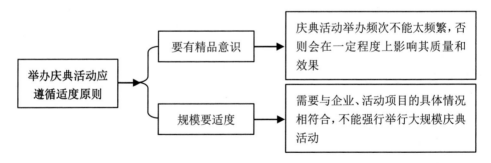

图 13-9 举办庆典活动应遵循适度原则

2. 在风格方面要从简

在《节庆活动管理办法(试行)》中,除了对庆典活动的申报进行了严格规定外,还对活动经费进行了约束,并要求做好监督检查工作,如图 13-10 所示。

```
第五章 经费管理
    第二十条 举办节庆活动应当坚持厉行节约，严格控制活动规模和开支，所需经费实行谁举办谁负责，由举办单位承担，不得向下级单位、企业和个人转嫁费用。
    第二十一条 各单位应当严格经费预算，加强对节庆活动的财务收支管理。不得借举办活动发放礼金、礼品、贵重纪念品和各种有价证券、支付凭证，不得重金邀请各类名人参与活动，不得利用节庆活动为单位或者个人谋取私利。

第七章 监督检查
    第二十五条 各地区各部门应当严格按照中央有关规定，加强对本地区本部门节庆活动管理工作的组织领导、政策指导和监督检查。
    第二十六条 纪检监察、审计机关和财政等部门应当加强对举办节庆活动的监督检查。对擅自举办节庆活动，违规邀请领导干部出席以及领导干部违规出席活动，以举办活动为由向基层、企业和群众收费、摊派、拉赞助，挥霍浪费、滥发钱物等违规违纪行为，依照有关规定严肃处理。
    第二十七条 举办节庆活动，应当严格按照有关规定，做好监管、服务工作，制定应急预案，防止安全事故的发生。
```

图 13-10 《节庆活动管理办法（试行）》中关于经费管理和监督检查的内容

可见，举办庆典活动，除了要适度外，还应该在风格上从简，尽量从各方面下功夫，举办一场简朴务实的庆典活动。总的来说，应该从三个方面着手，具体内容如图 13-11 所示。

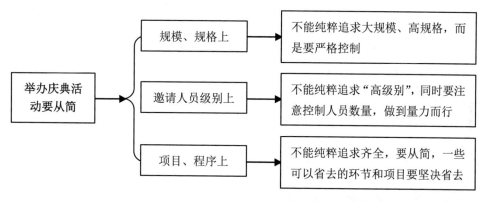

图 13-11 举办庆典活动要从简

可见，在举办庆典活动时，不能为了摆排场而花费大量的人力、物力和财力，而是应该根据企业自身条件来安排，并尽量做到少花钱、多办事，避免铺张浪费。

3．在活动举办程度方面要隆重

虽然说举办庆典活动要一切从简，但毕竟是庆典，"庆"含有"热烈庆贺"之意，"典"含有"庄重高雅"之意，因此从活动举办程度方面来说，庆典活动应该是热烈而庄重的。

而要想让庆典体现出热烈、庄重的气氛，就需要确保活动具有一定的隆重程度，这样才更符合庆典活动的内涵。庆典活动要求的隆重程度如图13-12所示。

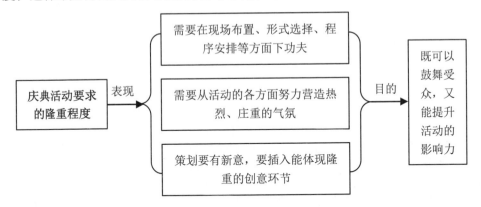

图13-12　庆典活动要求的隆重程度

4．在时间方面要适时

庆典活动的类型有很多，其中既有基于节日而发起的节日庆典活动，也有基于某一事件而发起的其他庆典活动。对于前者而言，在时间选择上一般是固定的，可供选择的范围较小，一般是集中在节日到来前的十天半月内举办，很少有企业把节日庆典活动放在节日当天举办，放在节日过后就更不适宜了。

至于其他庆典活动，除了周年庆外，基本上会根据前期准备来选择举办时间。对于这一类庆典活动，一般而言，企业会根据自身条件与市场时机进行活动的前期准备和时间选择。在选择举办庆典活动的时间时，活动策划者应该从以下四个方面来思考，如图13-13所示。

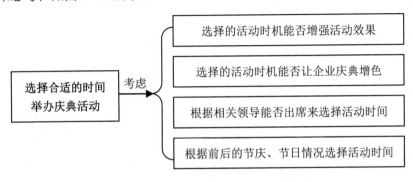

图13-13　选择合适的时间举办庆典活动

13.1.3 【实战案例】公司开业庆典活动策划书

开业庆典，作为一个企业主体向社会公开开始经营业务的礼仪性典礼，是企业进行宣传推广的好时机，借助庆典活动，可以让来宾和社会充分了解企业的经济实力和社会地位。因此，所有的企业都会对开业庆典非常重视，同时也会花费很多精力在自身开业庆典的策划和执行上。

本节就以××公司开业庆典活动为例进行具体介绍。

1．活动目的

开业庆典标志着一个企业主体的商业性活动的开端，此活动的举办目的就是让受众了解企业、认识企业，并不断扩大受众范围。××公司开业庆典活动的目的有五个，具体如下。

（1）树立企业及其品牌形象。

（2）让受众了解企业的发展史和经营范围。

（3）提升企业在行业内的知名度，促进业内合作。

（4）增强员工对企业的信心，提升企业凝聚力。

（5）加强与各界媒体的联系，产生良好的新闻效益。

2．活动主题

在策划开业庆典主题时，可以直接以"××公司开业庆典"为主题。当然，如果企业想要吸引受众和媒体更大的关注度，也可以撰写一个有创意的主题，如"××开业盛宴 邀您共享""××起航 成就未来"等。

3．活动时间和地点

在活动时间上，开业庆典活动主要应该从以下三个方面加以考虑，如图13-14所示。开业庆典活动的地点一般选择在开业现场举行，既可以是室外的宽广而平坦的场地，也可以是室内能容纳较多受众的大厅。

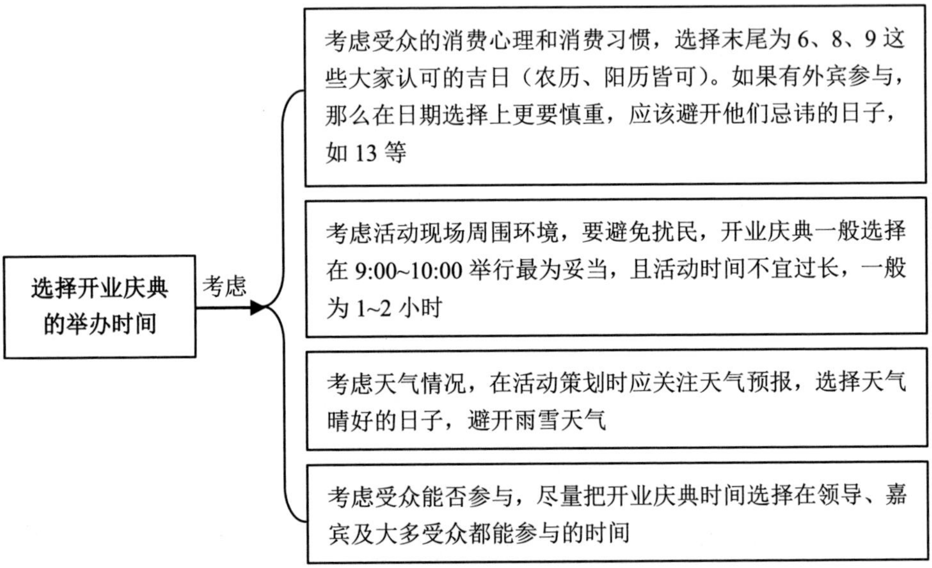

```
选择开业庆典          考虑受众的消费心理和消费习惯，选择末尾为 6、8、9 这
的举办时间   考虑    些大家认可的吉日（农历、阳历皆可）。如果有外宾参与，
                    那么在日期选择上更要慎重，应该避开他们忌讳的日子，
                    如 13 等

                    考虑活动现场周围环境，要避免扰民，开业庆典一般选择
                    在 9:00~10:00 举行最为妥当，且活动时间不宜过长，一般
                    为 1~2 小时

                    考虑天气情况，在活动策划时应关注天气预报，选择天气
                    晴好的日子，避开雨雪天气

                    考虑受众能否参与，尽量把开业庆典时间选择在领导、嘉
                    宾及大多受众都能参与的时间
```

图 13-14　选择开业庆典的举办时间

4．活动前期准备工作

开业庆典活动的时长虽然只有 1~2 小时，但是前期准备时间比较长，长则可能达数月，短则也需要数天。这是因为在活动前期准备期间有许多工作需要完成。下面选择其中主要的几项进行介绍。

（1）宣传。举办开业庆典就是向大家昭示企业、门店等开始营业，在很大程度上就是更广泛地对外宣传，可见，宣传对于开业庆典活动来说非常重要。基于此，只有在举办开业庆典活动前做好前期宣传工作，才能让开业庆典的宣传活动进行得更顺利，效果也会更好。

那么，在开业庆典活动准备阶段，应该从哪些方面入手做好活动宣传工作呢？在笔者看来，可从两个方面着手。

① 准备宣传内容，利用各种宣传资料进行宣传。也就是说，活动策划者首先应该把企业的经营理念、发展规划、服务宗旨等撰写成文，投放到网站上或制成物料投放到专属广告位进行宣传。

② 邀请广告媒体，与他们合作进行报道宣传。在开业庆典活动中，可以让广告媒体成为被邀请的嘉宾出席活动，并按照要求为其安排场地和器材，方便他们

展开工作。

开业庆典的媒体报道准备工作可从以下三个方面着手。

- ❑ 活动流程和项目基本确定之后,告知媒体最佳的到达时间,既不要提前,以免浪费时间,也不要延后,避免其没有做好相关准备而错过最佳报道场景。
- ❑ 配合媒体节目的规定播放时间,特别是大型开业庆典活动,如果要在新闻节目中播出,那么必须给媒体人员留出时间进行节目编辑,做好播出前的准备工作。
- ❑ 在其他方面也应该积极配合媒体,这样才能让自身的开业庆典活动在节目中获得好的宣传效果,为企业宣传和后续发展提供助力。

(2)嘉宾。在嘉宾方面,开业庆典活动的准备工作主要包括三个方面,具体如图 13-15 所示。

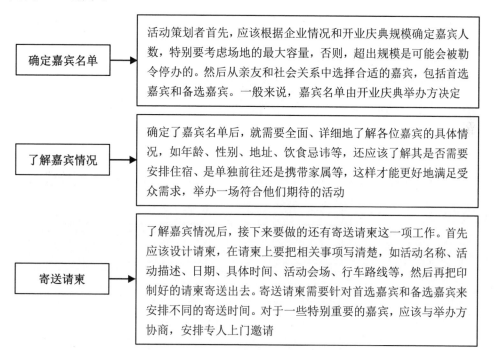

图 13-15 开业庆典活动关于嘉宾的准备工作

(3)场地布置。与其他活动不同的是,举办开业庆典仪式时,举办方和嘉宾一般都是站立的，因此在布置场地时，一般不会设置主席台和座椅，但是可通过铺设红色地毯来凸显活动的隆重程度。另外，开业庆典场地布置还包括其他很多方面，下面举例进行介绍，如图13-16所示。

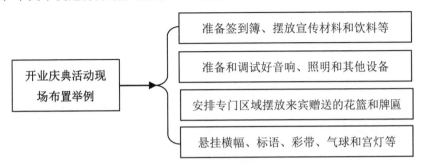

图13-16　开业庆典活动现场布置举例

（4）人员安排。在活动准备过程中，应该成立专门的筹备小组负责企业庆典活动，然后确定活动策划公司，利用倒计时工作表，与活动策划者确定好企业开业庆典活动的相关事项。至于活动策划中的具体人员安排，这里就不再进行具体介绍。

5．活动预算

在开业庆典活动策划书中，活动预算费用是指活动策划公司做出的举办活动所需的费用，不包括活动策划公司的策划费用。开业庆典活动预算主要包括以下六项内容，如图13-17所示。

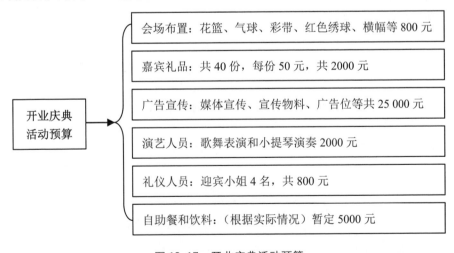

图13-17　开业庆典活动预算

6．活动流程

在这部分要将活动的各环节撰写清楚，特别是时间、人物等要叙述得非常明确，如图 13-18 所示。

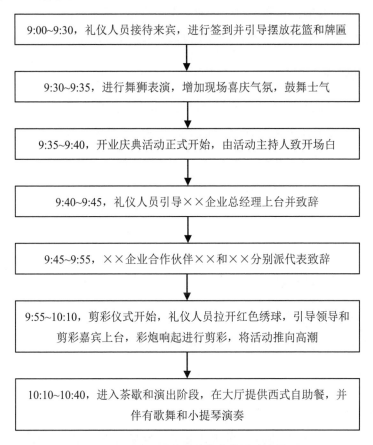

图 13-18　××公司开业庆典活动流程

7．活动效果评估

从总体上来说，××公司举办的开业庆典活动，在一定程度上达到了其宣传目标——向外界传递了正式开业的信息，同时也是企业经营理念和未来发展的一次比较全面的展示，起到了让受众和合作伙伴进一步了解、认识企业的作用。当然，活动过程中也存在一些细节问题，这让活动筹备小组和策划团队进一步认识到自身的问题所在，并积极加以改善，对未来活动策划具有一定的借鉴意义。

13.1.4 【实战案例】大学 70 周年庆典活动策划书

周年庆典，一方面是企业、单位等展示自身发展业绩的展示和庆贺，另一方面也是对未来的展望，有利于帮助企业、单位等进行宣传，是企业、单位树立良好形象的好时机。下面就以××大学 70 周年庆典活动为例，进行具体介绍。

1．活动目的

××大学 70 周年庆典活动的举办目的主要有以下两方面。

（1）对外展示××大学 70 年来的发展历史以及教学与科研成果，扩大学校、对外影响力，提升学校的知名度和美誉度，为学校今后的发展创造良好的舆论环境。

（2）宣扬学校的优秀传统和学术风采，让学校学生与教职工进一步了解与认识学校，激发其集体荣誉感和自豪感，提高学校向心力和凝聚力。

2．活动主题

××大学 70 周年庆典活动的主题为"坚持理念，科学发展"。

3．活动时间和地点

活动时间：××年 11 月 26 日 9:00~12:00。

活动地点：××大学大操场。

4．活动对象

××大学全体师生、校友、能够莅临的直属领导干部和新闻媒体。

5．活动准备工作

××大学的校庆准备工作比较多，准备阶段持续时间长达半年之久。从其准备工作来看，可以分为以下六个方面。

（1）校庆办公室成立。在该阶段主要是从整体上确定 70 周年庆典活动的指导方向，即确定活动主题，构思总体方案，并成立专门的校庆办公室来筹备和安排学校 70 周年庆典活动，这样有利于校庆活动的顺利展开。

（2）准备校庆相关资料。校庆资料是由多方面组成的，其中，宣传资料就是其中比较重要的一部分，如图13-19所示。

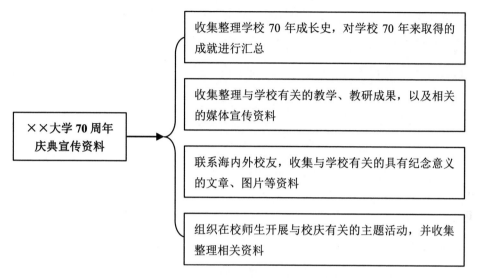

图13-19 ××大学70周年庆典宣传资料举例

在准备校庆宣传资料的同时，还可以着手准备校庆宣传方案资料，制定校庆宣传方案。一般来说，与校庆宣传有关的校庆宣传方案包括以下三个方面。

- ❑ 校庆宣传片。校庆办公室组织人员根据收集到的各种资料，选择其中的精华内容和关键信息，编写脚本，制作成宣传片。
- ❑ 校庆论文集。把学校教职工和历届学生的论文汇集起来，选择其中的获奖论文和其他优秀论文，集结出版。
- ❑ 校庆公告信息。在学校官网、直属机关官网和其他媒体平台上发布校庆信息，扩大校庆信息获取范围。

（3）准备校庆节目海选。为××大学70周年庆典活动准备文艺节目，首先要求各班想要表演和有特长的学生报名出演节目，并要求各班组织师生排练集体节目，如大型舞蹈、集体班级合唱等，然后对报名出演的节目进行海选，选择优秀的节目上报到上一级组织，再次进行海选，以此类推，最终确定校庆文艺节目名单。

（4）准备校庆纪念品。在师生、校友中征集关于校庆纪念品的意见和建议，选择其中中肯的意见和建议进行表决，最后交付相关部门联系企业生产校庆纪念品。一般而言，校庆纪念品包括纪念徽章、书签、文化衫、笔记本等。

（5）嘉宾。在 70 周年校庆活动上，除全校师生外，还包括校友、相关领导、新闻媒体等人员到场，对于这些嘉宾需要发出邀请，诚恳地邀请他们参加学校周年庆典活动。

（6）现场布置。现场布置应该在庆典活动举办前一天全部准备就绪，并进行检查，以免出现疏漏。现场布置主要包括：安排主席台座椅，校园内校庆校情宣传海报张贴，悬挂横幅、彩带、气球等。

6．活动预算

××大学 70 周年校庆是一个大型的、广为宣传的活动，因此，活动预算相对于一般公司、店铺的开业庆典活动要多一些，如果媒体宣传比较全面的话，那么费用会高达几十万，具体如图 13-20 所示。

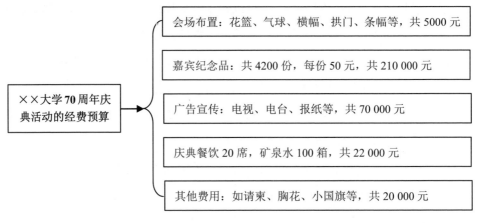

图 13-20　××大学 70 周年庆典活动的经费预算

7．活动内容

在××大学 70 周年庆典活动策划书中，活动中的各部分环节要安排有序，并需清晰地呈现出来。××大学 70 周年庆典活动主要内容如图 13-21 所示。

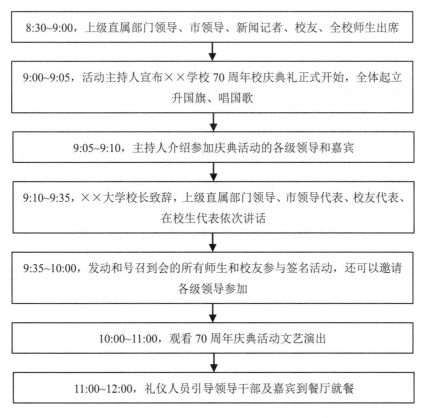

图 13-21 ××大学 70 周年庆典活动主要内容

8. 效果评估

××大学举办的 70 周年庆典活动，对提升学校知名度和美誉度，提高学校向心力与凝聚力有着巨大的积极意义。同时，它是在以往周年庆典活动上改进并结合时代环境策划出来的，能为日后的学校周年庆典活动提供借鉴意义。

13.2 宴会类活动策划

在日常生活和工作中，宴会是很常见的一种活动形式，如答谢宴会、年终宴会、寿宴等。对企业而言，适时举办一些宴会，也是有利于其宣传推广的。本节就介绍常见宴会晚会活动的策划方法与技巧，旨在帮助活动策划者了解相关信息，使其在日后的工作和生活中遇到策划宴会活动时不再彷徨。

13.2.1 宴会活动的常见举办地点

一般来说，参与宴会类活动的人数会比较多，因此，活动场地一般比较大。又因为参与者的身份和数量都比较明确，对活动地点的选择也就更具有指向性。活动参与人的数量和名单都确定后，就可以安排具体的活动地点了，若酒店比较合适则可以根据人数安排桌席，将所有参与者安排妥当。

那么，宴会活动常见的举办地点都有哪些呢？如图13-22所示。

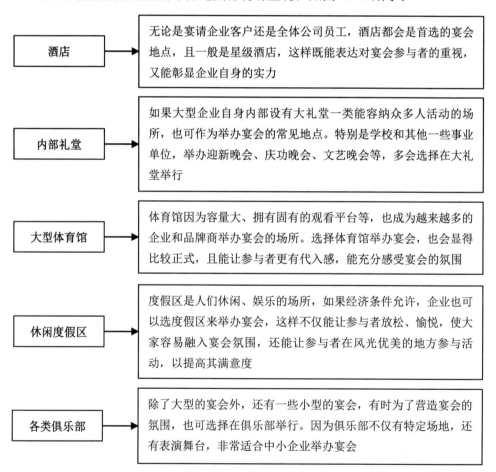

图13-22 宴会活动的常见举办地点

13.2.2 选择宴会活动地点的注意事项

一般来说，宴会类活动是规模比较大的活动，而要想把"大"这一特征呈现出来，除了参与人数外，活动场地也是关键。因此，在选择宴会活动地点时要特别慎重。

图 13-23 为选择宴会活动地点的注意事项，只有在掌握了这些注意事项的基础上选择活动地点，才能让活动开展得更加顺利。

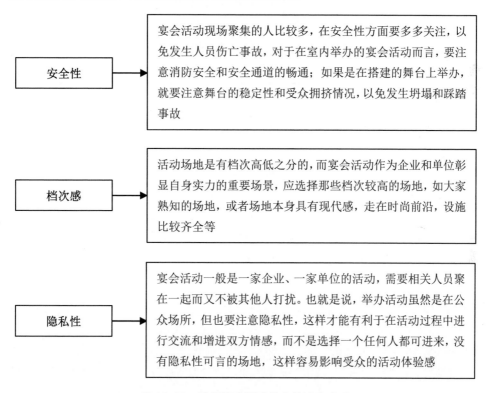

图 13-23 选择宴会活动地点的注意事项

13.2.3 拒绝平庸的年会方案

年会，顾名思义，就是一年举行一次的集会。它是一种比较常见的宴会类活动。特别是对企业来说，年会不仅是一次总结性的集会，也是一次展望未来的集会，更是一次鼓舞团队士气的集会。

年会的活动效果是存在差别的，而一场成功的年会是需要以成功的年会活动策划方案为依托的。因此，要想策划一个成功的年会方案，就要学会拒绝平庸的年会方案。

那么，如何判断年会方案是否平庸呢？在笔者看来，只有学会从三个方面进行分析，才能学会辨别平庸的年会方案，图13-24为平庸的年会方案的表现。

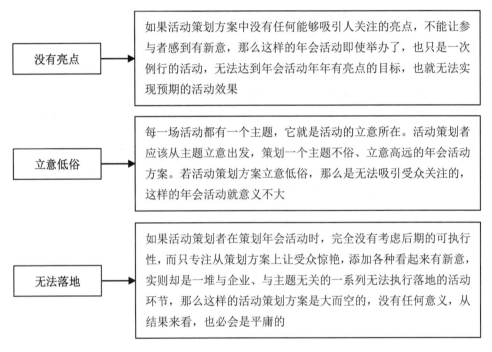

图13-24 平庸的年会方案的表现

对活动策划者而言，成功的年会活动策划方案恰好是与图13-24相反的，它必须是有亮点的、立意高远且有意义、能落地执行形成活动效益的，否则将难逃平庸年会方案的命运，活动效果也难以令人满意。

13.2.4 宴会活动的策划标准和注意事项

每一场活动都有它的目的，只有能顺利达成其目的的活动策划才是成功的活动策划。而成功的活动策划是有标准的，同时也要注意一些问题。本节就以宴会活动为例，介绍成功的宴会活动策划标准和注意事项。

1. 宴会活动的策划标准

成功的宴会活动策划的标准是花最少的钱以获得最大的品牌影响力。具体而言，其策划标准主要表现在哪些方面呢？图 13-25 为成功的宴会活动的策划标准。

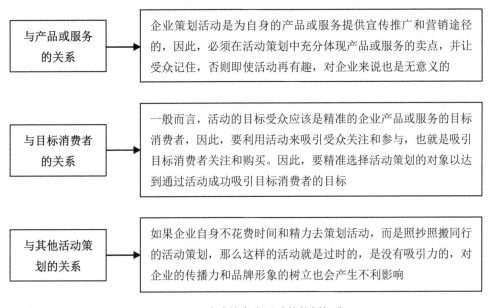

图 13-25　成功的宴会活动的策划标准

2. 宴会活动策划的注意事项

作为一种比较流行的活动形式，宴会活动是很多企业和品牌商热衷举办的活动。而且对于受众来说，白天工作多个小时后，晚上参与活动放松一下是一种不错的选择，因此也会乐于参加。

那么，活动策划者想要策划成功的宴会活动，有哪些需要注意的问题呢？其实，活动策划者要注意的问题也是基于活动策划的主题和目的来说的，笔者认为，需要注意的问题主要表现在三个方面，如图 13-26 所示。

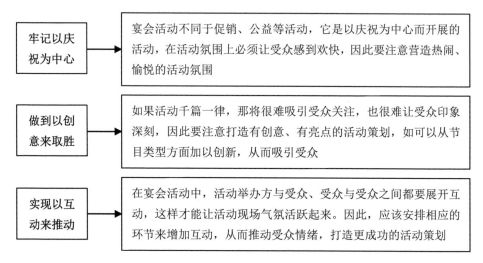

图 13-26 宴会活动策划注意事项

3. 宴会活动的灯光设置

因为宴会的举办时间一般是晚上,所以,灯光设置很重要,特别是在有舞台表演的情况下,更是如此。好的灯光设置,对于特定场景的人物和景物塑造有着重要的作用。

那么,活动策划者在安排灯光设置时,应该注意哪些要点呢?具体说来,主要包括 3 个方面,如图 13-27 所示。

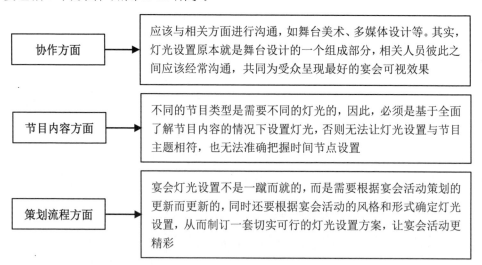

图 13-27 宴会活动灯光设置的注意事项

13.2.5 【实战案例】餐饮协会年会活动策划书

下面就来为××餐饮协会模拟一份年会活动策划书，即《××餐饮协会年会活动策划书》，具体内容如下。

1．活动背景

××餐饮协会是由多位餐饮行业职业经理人组成的协会，此类协会组织有利于行业之间的沟通和交流。为了把这种沟通和交流做到更好，××餐饮协会特此安排了每半年一次的年会活动，以方便各方进行品牌推广和寻求合作伙伴。

2．活动目的

活动策划者需要在策划书中首先将活动的主要目的展示出来，这样才能在后期的活动策划和执行阶段基于这一目的来开展工作，也才能让举办方和相关参与人员了解活动的价值和作用，为活动的执行打下良好基础。图 13-28 为××餐饮协会年会活动的目的。

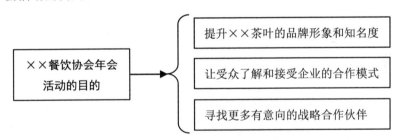

图 13-28　××餐饮协会年会活动的目的

3．活动主题

××餐饮协会年会活动主题为"茶中岁月，你我共赢"。

4．活动时间和地点

- ❑ 活动时间为 2021 年 7 月 30 日 10:00~12:00。
- ❑ 活动地点为××广场××大厦 9 楼 0903、0904、0905 室，具体活动地点待现场确认。

5．活动对象

需要寻找××餐饮协会的精准合作伙伴。

6．活动流程

年会活动的流程策划一般比较简单，活动策划者只需把握好时间节奏进行撰写即可。图13-29为××餐饮协会年会的活动流程。

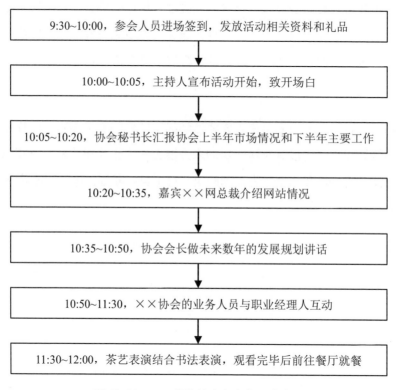

图13-29 ××餐饮协会年会的活动流程

7．工作安排

这部分需要做到叙述详细、清楚，让活动执行人员能看懂并能执行，如表13-1所示。

8．活动预算

预估××餐饮协会年会活动的所有花费清单，如表13-2所示。

表 13-1　××餐饮协会年会活动工作安排

责任人	时间安排	主要事项
宣传部	2021年7月23日~29日	① 负责协会活动宣传内容的制作 ② 检查场地装饰布置
财务部	2021年7月25日	① 根据活动情况准备相关发票 ② 做好采购预算
其他部门	2021年7月23日~27日	① 保证场地清洁度、布置场地 ② 保证活动过程中的安全性 ③ 做好活动礼品、活动相关工具的采购工作 ④ 确定参会人员和嘉宾名单，发布邀请函 ⑤ 落实茶艺师和书法家，培训活动主持人、茶艺小姐

表 13-2　××餐饮协会年会活动预算

用途	项目	单价	数量	总价
活动名称	××餐饮协会年会活动			
活动主题	茶中岁月，你我共赢			
前期推广	易拉宝	100元/个	2个	200元
	宣传资料	2元/份	120份	240元
道具租借	话筒	500元/个	2个	1000元
	音响	500元/台	2台	1000元
	桌子	700元/张	1张	700元
	茶桌	1200元/张	1张	1200元
布置工具	气球	5元/打	100打	500元
	胶带	2元/个	10个	20元
礼品	铁观音	228元/份	120份	27 360元
聘用人员	主持人	200元/名	1名	200元
	茶艺小姐	150元/名	4名	600元
餐饮	午餐	1200元/桌	11桌	13 200元
不可预计的花费				4770元
总计				51 990元

9. 活动效果评估

此次活动采用行业年会的形式，看似是沟通交流，实则随着活动的开展，将能树立品牌形象并促进更多合作。无论是对各企业来说，还是对餐饮行业来说，本次活动都具有促进企业和行业的积极意义。

第 14 章
行业活动策划
/

餐饮行业活动策划
美容行业活动策划

14.1 餐饮行业活动策划

餐饮行业是全方位服务的行业，消费者不单单想在餐饮行业中获得美味，还想在享用美味的过程中获得舒心的服务。

于是在餐饮行业中就出现了这样的现状：各个企业不仅为消费者提供各类美食，还时常会策划一些能够足够吸引消费者眼球的活动，来促使消费者获得服务方面的满足感。由此可知，餐饮行业比较看重的"挖金技巧"指的就是活动策划。下面就来了解餐饮行业活动策划的相关内容。

14.1.1 让口碑成为餐饮行业活动的宗旨

餐饮行业其实是最需要口碑效应的行业。例如在团购活动中，若自家餐馆被消费者留言说味道不好、服务差，就会大大损坏餐馆的名声，从而影响其他消费者前来就餐；若有消费者留言说味道好、服务佳，则会大大提高餐馆的名声，从而推动其他消费者来餐馆亲自体验。图14-1为在百度糯米网同一时间推出团购活动的两家餐馆口碑数量的对比。

图14-1 不利口碑与有利口碑的数量

图 14-1　不利口碑与有利口碑的数量（续）

通过图 14-1 可以看出，两家餐馆虽然都得到了一条差评，可口碑好的餐馆已有 67 人进行了评价，而得到不利口碑评论的餐馆只有 14 人进行了评价，可见口碑对餐馆的作用还是非常大的。

因此，活动策划者在策划餐饮行业活动时，需要以提高口碑作为活动宗旨，时时刻刻注意活动内容是否会影响口碑，若确定活动能提高口碑，则可实行；若不能确定活动是否能提高口碑或者发现活动会影响口碑，哪怕是一个小因素，也需要重新修改活动内容，直到确保活动能成为提高口碑的利器为止。

14.1.2　先自我分析再举办活动

活动策划者不要急于进行餐饮行业活动的策划，要先根据企业自身现状做一个"诊疗"，分析出可能会影响餐饮活动成功的因素，尽量在活动中进行规避。活动策划者可以从三个方面入手分析企业自身状况，从而规避影响餐饮活动成功的因素，如图 14-2 所示。

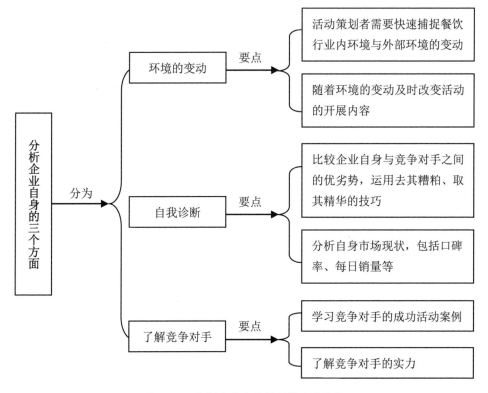

图 14-2 分析企业自身状况的三个方面

专家提醒

活动策划者若想了解竞争对手的实力，可以从以下三个方面进行判断。

- 竞争对手的地理位置——若是在繁华地段则说明其资金雄厚。
- 竞争对手的口碑——若口碑好则说明竞争对手维护用户手段高明。
- 竞争对手的销售和服务团队——若销售和服务团队都比较优秀，则说明人资力量强大。

14.1.3 策划活动有策略方可成功

餐饮行业活动最忌讳盲目进行活动策划，若餐饮活动是活动策划者盲目策划出来的，则很容易偏离活动目的、活动宗旨，最终很有可能成为消费者避而远之的活动，更可能成为竞争对手的笑柄。

因此，活动策划者在策划餐饮活动之前，需要先思考四大活动策略，再进行活动策划工作，如图14-3所示。

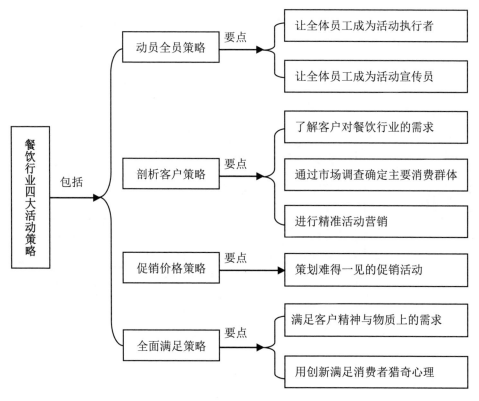

图 14-3　餐饮行业四大活动策略

14.1.4　【实战案例】"Hi 游戏　今天你挑战了吗？"活动策划书

某火锅品牌一直以服务极好著称，也是餐饮界人士口耳相传的热门品牌，可即便如此出名，也需要通过活动来提升消费者对该火锅的新鲜感。

下面就以某火锅连锁店的活动为例，模拟一份餐饮行业活动策划书，即《"Hi 游戏　今天你挑战了吗？"活动策划书》，具体内容如下。

"Hi 游戏　今天你挑战了吗？"活动策划书

一、活动背景

【撰写指南】这部分需要将举办活动的原因、作用及活动名称撰写出来。

图 14-4 为某火锅《"Hi 游戏 今天你挑战了吗?"活动策划书》中的活动背景。

> 一、活动背景
> 虽然××火锅已经沉淀了不少的名气与口碑,但仍然需要着手维护用户群体,毕竟人们都有一种对新鲜事物感到好奇,对旧事物感到乏味的心态。为了维护用户与××火锅之间的感情,决定进行此次"Hi 游戏 今天你挑战了吗?"活动。

图 14-4 活动背景

二、活动目的

通过此次活动,加强消费者与某火锅连锁店之间的交流,用游戏的"趣"来吸引消费者的注意力,从而提升消费者对××火锅连锁店的情怀,推动该火锅连锁店的销量。

三、活动时间

活动时间为 3 月 22 日。

四、活动对象

关注××火锅微信公众号的用户。

五、活动地点

【撰写指南】餐饮行业的活动常在自己的实体店铺内进行,有时也在互联网上举办,活动策划者可根据活动目的选择较为适合的活动地点。图 14-5 为某火锅品牌《"Hi 游戏 今天你挑战了吗?"活动策划书》中的活动地点。

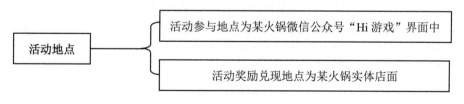

图 14-5 活动地点

六、活动宣传方式

【撰写指南】一般来说,活动的宣传方式越多越好,不过餐饮行业活动的宣传方式不需要太多,选择一两个最为合适的宣传方式即可。图 14-6 为活动宣传方式。

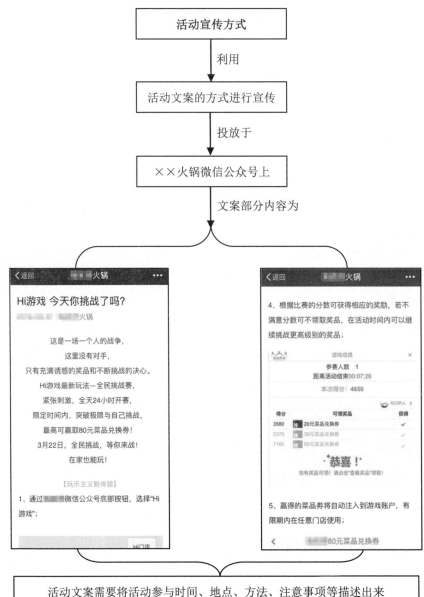

图 14-6 活动宣传方式

七、活动内容

【撰写指南】这部分需要将此次活动内容言简意赅地表达出来，图 14-7 为活动内容。

/ 第 14 章 / 行业活动策划

图 14-7 活动内容

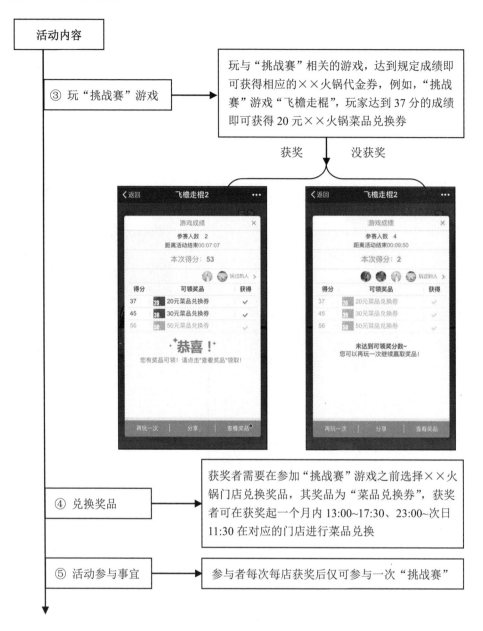

图 14-7　活动内容（续）

八、活动奖品使用说明

【撰写指南】活动策划者需要将活动兑换奖品的注意事项写清楚，这样才能避免在活动执行的过程中与消费者产生纠纷，也能让活动管理者进一步了解活动执行事项，判断活动是否能执行。图 14-8 为该活动的活动奖品使用说明。

【案例分析】

××火锅此次举办的活动集合了"趣"与"惠"，以游戏的方式来吸引消费者的注意力，用优惠作为游戏奖品。由此可见，在餐饮行业活动中需要有对消费者有益处的内容，且参与活动的方式需要带有趣味性，只有这样才能增加消费者对活动的参与兴致。

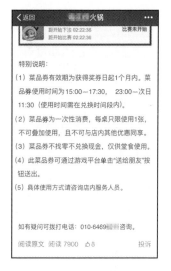

图 14-8 活动奖品使用说明

专家提醒

值得注意的是，除上面活动策划书中提到的撰写要素外，还有活动预算、活动效益评估、活动工作安排这几个方面的内容需要活动策划者在活动策划书中详细讲明。

14.2 美容行业活动策划

美容行业算是发展较快的行业，2020 年市场规模约 6373 亿元，可见人们对美容的需求量之大。在美容行业没有发展起来之前，美容行业的价格相对较为高昂，对于普通老百姓来说想要进行一次美容是较为吃力的。

随着美容行业的发展，以及人们生活水平的提高，渐渐有越来越多的人愿意去尝试美容，可是仍然不普遍，直到美容行业尝试用一些促销活动来吸引消费者，将美容费用降低，有人愿意去尝试后才越来越被人们所接受。可见，活动对美容行业来说意义重大。下面就来了解美容行业活动策划的相关内容。

14.2.1 明确活动目标才是王道

虽说如今与之前相比，人们对美容行业的认识有了很大的改观，可还是有一部分人会担心美容风险,毕竟在现实中存在一些美容纠纷。因此,成功举办美容行业活动就需要依靠活动目标、活动的开展形式来实现。若一个美容行业活动连活动目的都不明确,那么这个活动注定是失败的,甚至还会影响美容品牌形象与口碑。

这里先来了解美容行业的活动目标。美容行业的活动目标需要通过制订合适的活动计划才能得以实现,而活动计划需要依靠活动目标作为策划活动计划的准则,只有这样才不会偏离美容行业活动策划的初衷。

一般来说,活动策划者若想制订一个有效的美容行业活动目标,就需要从两个方面考虑,如图14-9所示。

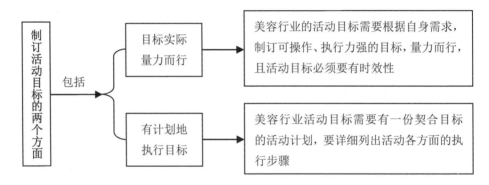

图 14-9　制定活动目标的两个方面

**专家提醒**

一般来说,美容行业的常见活动目标分为以下两个方面。

❑　提高美容品牌知名度,获得好的口碑。
❑　提高美容门店的销量。

14.2.2　活动形式围绕促销而设

美容行业的活动开展形式其实都是围绕促销展开的,因为只有促销活动才能产生明显双赢的效果,即美容行业既能提高自我销量又能提高人气,同时消费者也能满足"占便宜"的心理。

因此,促销活动一直是美容行业所推崇的活动形式,那么美容行业是如何开展促销活动的呢?其常见方式如图14-10所示。

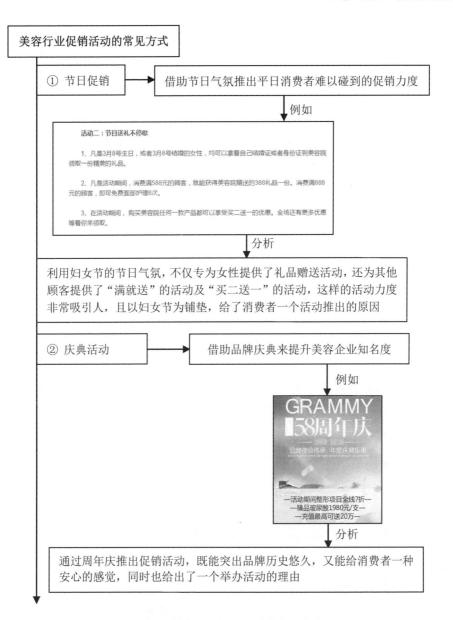

图 14-10　美容行业促销活动的常见方式

14.2.3　美容行业活动的宣传方式

常见的美容行业活动宣传方式是在美容门店内放一张比较大的宣传海报，或是让员工在人流比较聚集的地方派发宣传单，或是由美容店的员工将活动内容告知前往美容的消费者等，这些都算是美容行业较为传统的活动宣传方式。

如今是互联网时代，美容行业也将活动宣传重点放在了互联网上，不少美容品牌都拥有属于自己的网站，届时活动就能在自己官网上进行宣传。一般来说，愿意主动打开官网的用户都是对美容方面有需求或者想要了解美容的群体，而这些用户就是美容品牌的精准用户。图14-11为某美容品牌官网上的活动宣传海报。

图14-11　某美容品牌官网上的活动宣传海报

除了网站宣传之外，美容行业还会在自己的微信公众号上推送活动信息，如某医疗美容院就在自己的微信公众号上推出了"100 000个脱毛名额免费送"活动，该活动被4924名用户阅读，可见其曝光率还是不错的，如图14-12所示。

图14-12　"100 000个脱毛名额免费送"活动微信公众号宣传

14.2.4 【实战案例】美容院 18 周年庆活动策划书

下面就以某美容院 18 周年庆活动为例,模拟一份美容行业活动策划书,即《某美容院 18 周年庆活动策划书》,具体内容如下。

某美容院 18 周年庆活动策划书

一、活动背景

今年是某美容院创建以来的第 18 年,为了回馈广大用户对美容院的爱戴,特在 3 月份推出 18 周年庆活动,以维护用户与美容院之间的情感,提高美容院的知名度、美誉度和销量。

二、活动主题

荣耀亚洲 18 年 某美容院整形周年庆。

三、活动目的

提高美容院的知名度、美誉度和销量。

四、活动时间

3 月 1 日—3 月 31 日。

五、活动地点

美容院所有店面。

六、活动内容

【撰写指南】美容行业的周年庆一般包括多项促销活动,图 14-13 为具体的活动内容。

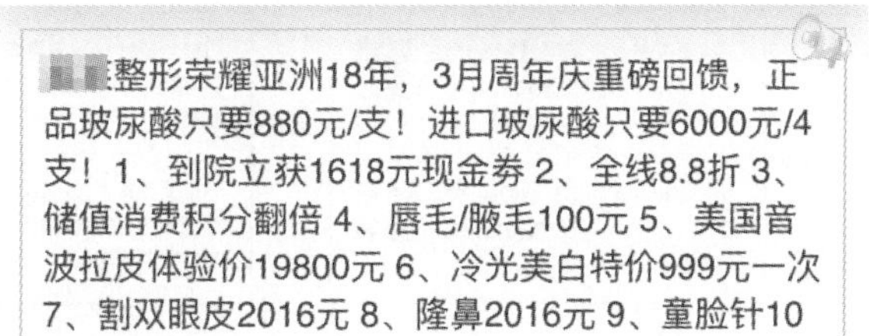

> ▇▇整形荣耀亚洲18年,3月周年庆重磅回馈,正品玻尿酸只要880元/支!进口玻尿酸只要6000元/4支!1、到院立获1618元现金券 2、全线8.8折 3、储值消费积分翻倍 4、唇毛/腋毛100元 5、美国音波拉皮体验价19800元 6、冷光美白特价999元一次 7、割双眼皮2016元 8、隆鼻2016元 9、童脸针10000元/3支。

图 14-13 活动内容

七、活动宣传方式

【撰写指南】一般来说，这部分需要将美容行业的线上、线下活动宣传叙述出来，图14-14为具体的活动宣传方式。

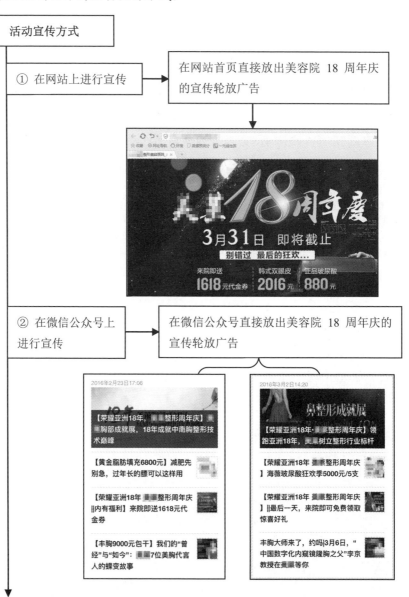

图14-14 活动宣传方式

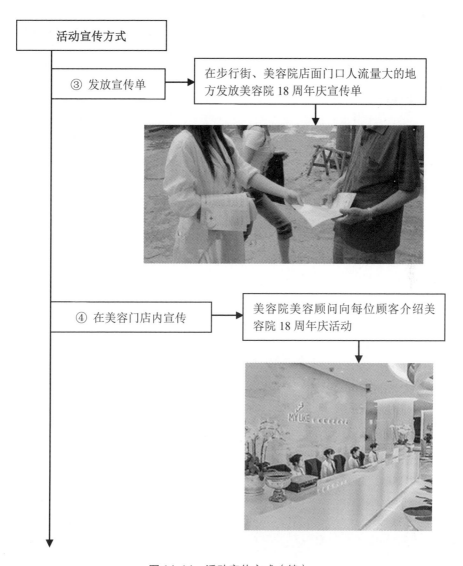

图 14-14　活动宣传方式（续）

【案例分析】

某美容院此次借助 18 周年庆来推出相关促销活动，既不会让人觉得活动到来得很突然，也可以通过"18 周年庆"中的"18"让消费者知道该美容院已经存在了 18 年，进一步给消费者一种安心的感觉，毕竟一家企业存在的时间长，就说明其服务、产品等各方面都会有所保障。同时，用九项促销活动来吸引消费者眼球，且价格较低，抓住了消费者"图便宜"的心理，激发起消费者尝试美容的欲望，从而提高了美容院的销量。

专家提醒

值得注意的是，美容行业活动虽说是促销活动，但还是需要保住成本的，因此一定要站在盈利的角度，不亏损即可进行，若有出现亏损的可能，则需要重新策划活动，不然活动就会变得毫无意义。

第 15 章
新媒体活动策划

/

新媒体活动策划概述
短视频活动策划
直播活动策划

15.1 新媒体活动策划概述

互联网的快速发展给人们的生活带来了很多"新东西",消费方面有新购物,出行方面有新交通,人际方面有新社交,资讯方面又有新媒体。本节就为大家详解新媒体活动策划的方法与技巧。

15.1.1 新媒体活动概况

新媒体指的并不是某一种媒体,广义的新媒体涵盖所有数字信息化的媒体形式,包括数字信息化的传统媒体、网络媒体、移动端媒体、数字电视、数字报纸杂志等。

在这种信息容易快速、广泛传播的环境下自然会产生很多企业组织策划的活动。接下来我们就从三个方面来了解新媒体活动策划的知识。

1. 新媒体活动的概念

新媒体活动,顾名思义,就是在新媒体平台上进行的活动,而新媒体的"新"是一个相对的概念,指的是继报刊、广播、电视等传统媒体之后发展起来的新的媒体形态,主要包括三种,即网络媒体、手机媒体和数字电视。

与传统媒体相比,新媒体信息传播更快、更及时,传播的深度和广度也是传统媒体无法企及的,其优势非常明显,许多传统媒体也逐渐向新媒体方向转型发展。

近年来,新媒体的影响力越来越大,许多政府部门都开设了专门的政务网站,在微博、微信等大型社交媒体平台也进行了注册认证,部分政府机构还在网站上展开了网络问政活动。

民间企业在新媒体平台上进行的活动则更加火热,甚至出现了一些专门辅助新媒体活动策划的功能性服务平台网站。由此可见,新媒体活动的前景一片光明,必将随着互联网的发展变得越来越好,越来越强大。

2．新媒体活动的类型

新媒体活动涵盖了所有可以通过网络途径举办的活动类型，绝大多数活动的策划和举行都可以在新媒体平台上实现。一些简单的活动策划，甚至可以在新媒体平台提供的活动策划辅助功能的帮助下，经过简单设置就可以直接发布。

由于新媒体活动蕴含着无限的可能，无法一一列举，在此笔者以现在最有影响力的新媒体平台之一的新浪微博为例，带大家一探新媒体活动的常见类型。常见的微博活动类型大致有以下八种。

（1）问答互动型。这是在微博平台早期最常使用的一种活动形式，通常是活动发起者准备好发起问题和备选答案，然后通过微博发布问题，参与的微博用户在评论里选择答案并转发，活动目的通常是品牌知识和价值的传播。

但由于这种活动的发起者过于注重品牌知识和价值的宣传普及，从而使活动趣味性和吸引力有所减弱，所以这种活动逐渐和抽奖形式相结合，成为了一种纯粹的宣传性活动。

（2）话题讨论型。发起话题并配合一些利益诱惑，激发微博用户的参与和分享。形式简单、可参与性强，内容丰富且开放，是话题讨论型活动的主要特点。凭借这些特点，话题讨论型活动已成为现今微博上最常见的活动类型，同时也是品牌推广最惯用的活动类型。

如品牌微博就经常发起话题活动，并将品牌理念、品牌文化等营销元素添加到话题讨论之中。通常话题讨论型活动的参与方式有三种，即转发+评论、评论、发布话题。

（3）趣味游戏型。以游戏作为和参与受众互动的形式，以娱乐精神作为活动的主题指导，时常利用网络流行热点和微博更新的应用功能来发挥创意，通过文字、图片承载游戏的互动形式，如常见的造句盖楼、找茬、鲁迅体、洪荒体等形式，且这些形式都融入了有趣的游戏元素。

趣味游戏型活动是比较受微博用户欢迎的一种活动形式，通过简单的参与获得娱乐的乐趣，这一点很能吸引微博用户的广泛参与。

此外，高交互性的特点使趣味游戏型活动极易引起微博用户自主性的传播，而对流行热点的运用更能使趣味游戏型活动在互联网上产生病毒式的传播。随着新浪微博中关系属性的加强，以及娱乐化应用功能的兴起，趣味游戏型活动的形式必然会越来越丰富。

（4）表决型。这类活动通过新浪微博消息发送栏的功能就可以开展，这种活动方式颇受用户欢迎，通常以投票的形式出现。

微博投票活动的参与门槛非常低，观点鲜明、易于传播是其显著特性。微博投票功能一经推出便得到了广大微博用户和商家的青睐。促销推广、概念沟通、网民调查等活动都是微博投票活动大展身手的领域。

（5）惊奇型。在活动环节上设置一些充满惊喜的元素，增强活动的趣味性，让活动参与者有所期待或获得惊喜，以增加对活动的好感度。

例如，李宁品牌曾推出新浪微博有奖互动活动"玩的就是出乎意料"。在活动中，李宁充分利用拉帽衫的特点，将奖品隐藏在由系统送出的三个帽衫样式的抽奖券之中，而要获得奖券，就需关注李宁官方微博并扩散活动信息。帽衫奖券的外观样式中拉链需要一直拉到帽子的顶端，只有拉开拉链，打开帽衫才能查看获奖情况。

相比大多数同类型抽奖活动的开奖环节，这个别出心裁的帽衫开奖环节不仅给人一种特别的惊喜之感，而且这种开奖环节也与活动主题相吻合。

（6）悬念猜测型。活动主办方发起悬念猜测型活动，吸引人们的关注，然后有秩序、有节奏地推进活动进程。目前常见的有两种方式：一种是发起悬念话题，然后配合奖励机制吸引微博用户参加；另一种是以活动代言人的身份作为悬念来吸引人们的眼球，后续配合充满悬念的活动内容，持续引发关注者的好奇心，使活动在微博上甚至是整个互联网上形成病毒式传播。

（7）需求型。需求型也被称为悬赏型，以企业需求为依据发起活动、吸引微博用户关注活动、讨论活动，参与活动。企业发布一系列的活动目标，并与目标受众进行互动，在互动中借助微博用户群体的力量来达到活动目的。

（8）推动型。在这种活动中，部分活动内容和活动的奖励环节都由活动参与者决定或选择，参与者推动活动开展。这类活动能充分激发参与受众的自主意识和积极性,其最常见的形式就是微博上的众筹活动,参与者通过选择不同的众筹项目来选择不同的回馈礼品,并且还可以对活动发表建议和评价。

3. 新媒体活动文案的作用

对于新媒体活动而言,文案的作用相对来说就没有在其他活动中那么重要和明显,因为新媒体平台综合了多种信息传播形式,可以充分运用文字、语音、图片、视频等多种不同的承载媒介方式去表现信息,而单纯文字的直观表现力是最弱的。

现在新媒体平台中较为火热的新浪微博,其热门榜上的微博中几乎没有一条是以单一的文字形式为内容的。但文字作为人类使用时间最长的信息载体之一,毕竟有着其不可替代的优势之处,所以在新媒体活动中,文案仍然发挥着重要作用,其作用主要体现在以下几方面。

(1)表现主题。任何活动都有一定的目的,为了达到这个目的,活动策划者需要设定一个主旨来指导他们与活动参与各方协同完成活动,这种主旨既可以直接是活动的目的,也可以是活动内容的中心,人们通常称之为活动的主题。

对活动主题进行准确表达,是文案在新媒体活动中的一项重要作用,虽然新媒体活动可用的信息表现载体形式非常多,但图片、视频、语音等载体可传达的信息过于丰富,不同的人根据自己不同的人生经验,对同一张图片、同一个视频或同一段语音都可能产生不同的理解。

然而活动的主题是要求能被精准地传达给活动的工作人员和活动受众的,这时文案的作用便体现出来了,因为没有一种信息传播载体可以像文字信息一样能够精准地表现某种固定含义的信息。

(2)补充介绍。新媒体活动善于表现多种信息,这是它相较于其他活动的一个优势,但过多的信息并不是只带来了好处,也为新媒体活动带来了一些问题,主要问题有两点:一是信息量过大,部分受众无法完全理解;二是多种信息载体结合得不够自然。

这两个问题会对活动造成一个共同的不利影响,那就是使活动信息与受众脱节。一般活动策划者要解决这个不利影响都会运用到文案,通过文案内容对受众难以理解的或是表现力不够的内容做一个补充说明，这种方式可以让活动进行得更加顺利。

但在补充说明活动具体内容时也要注意文案的视角表现形式，切勿干巴巴地排列文字，可以运用图文结合、文字的艺术化处理等方法来增加文案的视觉表现力。

（3）深度传播。互联网上的信息传播非常迅捷，因此新媒体活动中那些有趣的图片和视频信息的确很容易在互联网中形成病毒式的传播。但如果是在信息传播不那么容易的情况下，如人们在和朋友闲聊时提到某个活动的图片或视频，此时就很难具体直观地将图片或视频的全部信息准确地用简单的语言描述出来。这种情况无疑会影响活动信息的深度传播，但有了文案就不一样了。

促进活动信息的深度传播是文案在新媒体活动中的又一大作用。文案能将新媒体活动的主题、亮点等关键信息浓缩为简短明确的文字内容，使活动信息在互联网中的传播变得更加便利，因为文字的输入是现在所有网络终端设备都会具备的基本功能，这样即使互联网用户没有刻意去保存新媒体活动的宣传图片和宣传视频，也能够通过对新媒体活动的宣传文案进行叙述来传播活动信息。

15.1.2 新媒体活动策划的须知

新媒体活动的策划虽然可以利用互联网提供的一系列便利辅助功能来帮助策划工作的进行，但这并不意味着活动策划者就可以就此高枕无忧了，活动策划的主体终究还是人，以当前的技术，互联网能提供的也只是一些基本的辅助功能。

因此活动策划者切勿为了贪图互联网的便利，一味地在活动的基本形式上做文章，而不在活动的核心创意上下功夫。特别是在新媒体活动策划中，没有创意内容、空有形式的活动是非常容易被新媒体平台上不断刷新的海量活动所淹没的。

活动策划者在策划新媒体活动时还需注意以下三个方面，在这几个方面互联网通常难以发挥关键作用，需要活动策划者严格把关，慎重抉择。

1. 选好平台

活动在什么样的新媒体平台上进行，这是需要活动策划者慎重思考的一个问题，活动平台的选择是新媒体活动策划的第一步，也是最重要的一步，活动平台直接影响着新媒体活动的形式类型、接收受众和表现效果。

新媒体平台众多，有的平台大，有的平台小，有的平台受众活跃，有的平台数据虚假，因此，在不同的平台上开展活动，收获的效果也是不同的。活动策划者在选择新媒体活动平台时，要选择那些受众多且活跃、体验良好且功能齐全的平台。在我国互联网中比较符合上述条件的有以下几类平台。

- ❑ 门户网站：腾讯网、搜狐网、新浪网、网易网等。
- ❑ 社交媒体：QQ、微博、微信、贴吧等。
- ❑ 直播平台：斗鱼 TV、熊猫 TV、虎牙 TV、全民 TV 等。

新媒体平台往往都会具有相似的功能和服务，如各大门户网站和社交媒体平台都会推送社会热点或国际重大新闻。但不同类型的新媒体平台又会表现出各自不同的特色，如图 15-1 所示。

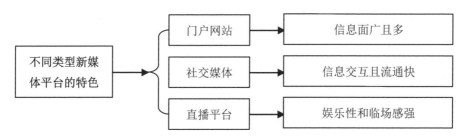

图 15-1　不同类型新媒体平台的特色

活动策划者在进行新媒体活动策划时，一定要充分利用新媒体平台各自不同的特色，为新媒体活动策划的成功打好基础。下面就分别讲解上述三种不同新媒体平台对新媒体活动的影响。

（1）门户网站。门户网站是指一种提供互联网信息资源的综合性服务应用系统，是在互联网技术发展早期形成的一种新媒体平台，定位类似于传统媒体，主要以单向传播信息为主，但借助互联网的力量，其传播功能很是强大。

一般来说，比较大型的门户网站的主页都是集文字、图片、视频等信息传播功能于一体的，此外还会提供信息检索功能。

在国际社会，最为著名的门户网站是谷歌和雅虎，而在我国，较为著名的有新浪、网易、搜狐和腾讯四家网站。门户网站的优势就在于其可以传达的信息量十分大,并且具有十分完善成熟的信息检索系统,所以经常被互联网用户使用。

新媒体平台中的门户网站适用于策划多环节和多内容的综合性活动,这样可以充分发挥其传播和承载信息量大的特点。

例如,网上的招聘活动,其活动的信息量非常大,包含参会的众多招聘企业的详细资料,并且各招聘企业对自身的介绍信息也有各自不同的处理方法,所以活动对信息的多样表现也是有要求的,而门户网站能够很好地满足这些条件。图 15-2 为某门户网站的网上招聘活动。

(a)

(b)

图 15-2　某门户网站的招聘活动

（2）社交媒体。新媒体平台中的社交媒体是注重于互联网用户关系的内容生产与交换的平台，通过它，互联网用户彼此之间可以相互分享意见、见解、经验和观点。

现阶段的社交媒体主要包括社交网站、微博、微信、博客、论坛等。如今，社交媒体在互联网上蓬勃发展，多数互联网用户通过其传播的信息来了解互联网上的热点，而且传统媒体向新媒体方向转型通常也会借助互联网社交媒体平台。

社交媒体平台相对于其他新媒体平台，其最大的特点就是发布在上面的信息交互频繁、传播迅速。社交媒体平台的这个特点，主要得益于其便捷的信息评论和转发功能，如图15-3所示。

（a）

（b）

图15-3　社交媒体平台的转发评论功能

根据社交媒体平台的这个特点，活动策划者可以考虑将具有一定互动性并且有较强宣传目的的新媒体活动投放到社交媒体平台上进行。例如，某个在微博上开展的转发有奖活动，借助微博这一社交媒体平台信息交互频繁和传播快速的特点，在没有经过任何前期宣传的情况下，最终获得了较多的转发量。

（3）直播平台。直播虽是一种新兴起的新媒体活动，但直接平台已经充分展现了作为新媒体活动平台的潜质。相较于上述另外两个新媒体平台，直播平台有两个突出的特点，具体分析如图15-4所示。

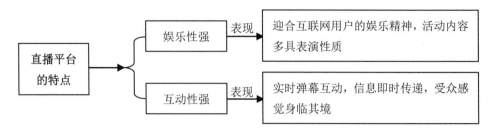

图 15-4　直播平台特点分析

由于直播平台具备这两个突出的特点,所以网络游戏活动和户外直播活动的策划在直播平台上的需求量特别大,这两类直播活动相对于其他直播活动也比较红火。

2．流程透明化

互联网环境的影响促使互联网用户的体验观念发生了很大变化,人们逐渐减弱了对间接式体验的兴趣,对直接式的体验变得越来越喜欢,这一点变化在电影方面表现得非常明显——比起那些剧情缓缓展开、注重细节刻画的电影,越来越多的观众喜欢上了能够带来直接感官刺激的所谓"大片"。

因此,为了迎合互联网用户这一习惯,活动策划者要让新媒体活动的具体流程变得透明,让准备参加活动的受众能清楚地知道他所期待的环节什么时候会来,他所期待的体验什么时候会到。这样不仅增加了活动受众对活动的期待度,更让活动工作人员有了调节活动气氛的辅助依据。

3．牢控走向

互联网环境具有一定的复杂性,在互联网上进行新媒体活动策划时,活动策划者要注意把握活动的走向,不要让活动节奏被互联网的不良节奏所影响。

影响新媒体活动的主要因素是互联网环境下广泛的娱乐精神。互联网用户的娱乐精神是一把"双刃剑",它既能帮助活动创造神话,也能使活动偏离主题。

拿线上活动神话"双十一"活动举例来说。最初每年的 11 月 11 日只是一个普通的日期,之后借着互联网用户发挥娱乐精神的再创造,11 月 11 日变成了一个名为"光棍节"的网络节日。由于光棍节反映的是当下社会单身男女众多,找对象难、结婚更难的情况，所以这一节日并没有像其他网络节日一样流行起来，反而很快就失去了热度。然而凡是节日就一定有相应的节日活动，如情人节送巧克力、中秋节吃月饼赏月。但"光棍节"作为广大互联网用户喜闻乐见的节日，却没有相应的节日活动。这一点被淘宝电商看中了，于是优惠促销活动便成了"光棍节"的主要活动主题。之后随着淘宝电商进一步对"光棍节"活动的走向把控，使"光棍节"这一名称逐渐被"双十一"所取代，最后每年的11月11日就演变成了"电商狂欢节"。

因此，活动策划者在策划新媒体活动时，要依照活动目的牢控活动走向。

15.1.3 新媒体活动的策划技巧

多数新媒体活动的主要活动目的还是宣传推广，而在新媒体平台进行宣传推广是需要一定技巧的，这些技巧主要表现在以下三个方面。

1．流量把控

任何新媒体平台提供的流量都是有限的，而新媒体活动的宣传推广效果又是与流量成正比的，因此新媒体活动想要取得更好的宣传推广效果，就可以从两个方面把控流量，即增加总量和增加分配。

首先，对新媒体活动的流量把控可以从增加总体流量方面着手。因为每个新媒体平台的流量有限，所以在进行新媒体活动策划时，不要只专注于活动进行的新媒体平台，还可以将其他新媒体平台的流量引入活动进行的平台，以此为活动增加关注度。常见的引流平台主要有以下四个，相关分析如图15-5所示。

其次，活动策划者还可以从新媒体平台的流量分配方面入手。获得举办活动的新媒体平台更多的流量，自然能够让活动被更多的人看到，从而取得更好的宣传推广效果。

下面以目前比较热门的新媒体平台——新浪微博为例，为大家分析在活动平台中能够增加活动流量的分配方式。

（1）借力大V。通过@或直接请微博上与活动内容有关的行业大V或热门明星帮助宣传推广活动，在微博上形成"粉丝效应"，进一步带动围观的微博用户跟风参与活动,形成微博上的潮流,从而达到宣传推广的目的。

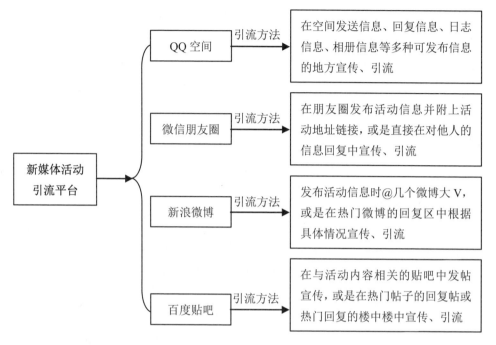

图 15-5　新媒体活动引流平台分析

（2）头条置顶。是指通过与新媒体活动的举办平台进行某些权限交易,让活动信息的微博能够得到推送后进入头条位置或将信息置顶。这种方式的优势之处就在于效果直接,并且不需要活动信息内容有多出众,但对活动主办方的各项能力都有一定要求。

2．用好权限

现在大多数新媒体平台都有会员服务,只要开通会员功能,就可以获得一定的特权,而且随着会员等级的提高,可行使的特权也会相应增加。活动策划者可以在策划新媒体活动时在活动将要举办的平台上开通会员服务,以获得会员权限。

利用好这些权限不仅可让活动进行得更加顺利,还能让活动效果进一步放大。权限在新媒体活动中的运用主要有两种方式,具体如下。

（1）禁言。对在活动评论交流中恶意做舆论引导的用户给予禁言,以保障活动不受破坏。

（2）置顶。将活动信息置顶在平台首页，以此吸引更多受众参与活动。

3. 引导人员

设置引导人员也是在新媒体活动策划中的一个重要技巧。新媒体活动中引导人员的作用有很多，大致可以分为两种，具体分析如图 15-6 所示。

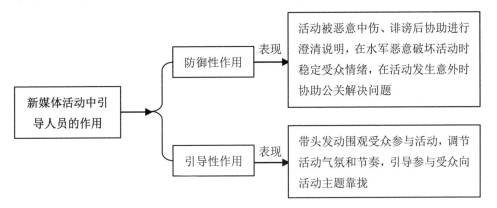

图 15-6　新媒体活动中引导人员的作用

15.1.4　【实战案例】"OPPO Reno 造乐节"微博活动策划书

微博作为新媒体活动的第一阵地，拥有大量的新媒体活动资源，其对新媒体活动的推动影响也是巨大的。下面就以一则名为"OPPO Reno 造乐节"的新媒体活动实战案例，带大家深入了解新媒体活动的策划要素。

"OPPO Reno 造乐节"微博活动策划书

1. 活动目的

任何活动都是有目的的，有了活动目的才能确定活动方案。该活动的活动目的有六个，具体如下。

（1）提升公司品牌知名度。

（2）增加高质量活跃粉丝。

（3）吸引潜在客户。

（4）增加网络营销业务。

（5）增加公司官方微博平台的曝光度。

（6）为后期活动做铺垫。

2. 活动重点

因为"OPPO Reno 造乐节"活动的目的只是吸引关注，增加粉丝，为后期活动做铺垫，所以活动方案很简单，与常见的微博有奖转发活动没什么不同。

又因为"OPPO Reno 造乐节"活动只是一个前期宣传推广活动，活动主办方显然是要将重点资源放到后期活动上，所以"OPPO Reno 造乐节"活动也将活动重点放在宣传推广上。图 15-7 为其在微博上发布的活动宣传推广信息。

3. 参与方式

为了增加宣传效果，提高活动参与率，"OPPO Reno 造乐节"活动策划者在活动的参与方式上也动了一番心思，其策划的具体参与方式如图 15-8 所示。

图 15-7 "OPPO Reno 造乐节"活动的宣传信息

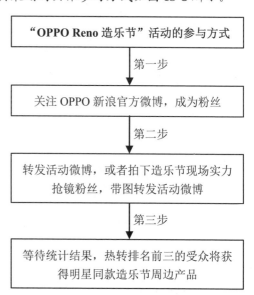

图 15-8 "OPPO Reno 造乐节"活动的参与方式

从这些活动参与规则中可以看出，此活动门槛低，活动内容操作简单，并且很好地满足了主办方的需求。

【案例分析】

"OPPO Reno 造乐节"活动很好地抓准了自身定位和活动重点,其成功举办的关键点有三个方面,相关分析如图 15-9 所示。

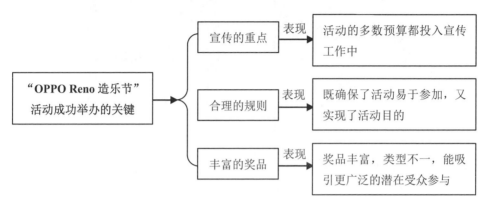

图 15-9　"OPPO Reno 造乐节"活动成功的关键

15.2 短视频活动策划

网络的发展和移动设备的普及,为短视频平台的兴起提供了有利条件,短视频平台和其他新媒体平台一样,属于内容运营平台,运营者可以通过发布视频来吸引粉丝和进行营销。

15.2.1 短视频活动的特点

短视频活动和其他形式、渠道的活动相比有较大的不同,短视频活动既可以是运营者参与平台官方推出的活动,以此来吸引更多的粉丝,增加曝光率,还可以是运营者借助短视频平台来宣传自己策划或举办的活动。

1. 参与平台官方推出的活动

为了激励短视频运营者生产出更多优质的内容,调动运营者创作的积极性,各大短视频平台都推出了各种热门活动,吸引了许多优质的运营者参与其中。优秀的作品不仅可以让运营者有机会上首页推荐，还能获得活动奖品。

图 15-10 为抖音官方平台推出的活动；图 15-11 为快手官方平台推出的活动。

图 15-10　抖音官方活动

图 15-11　快手官方活动

除了抖音和快手平台以外，B 站这个专属于年轻人的视频平台也经常推出各种活动，如图 15-12 所示。

图 15-12　B 站官方推出的活动

2. 借助平台宣传活动

借助短视频平台宣传活动的优势在于，其传播速度更快，受众人群更广，传播效果更好。图 15-13 为运营者在抖音短视频平台宣传自己的活动。

图 15-13　借助短视频宣传自己的活动

15.2.2　【实战案例】抖音"点亮 2021"活动策划书

下面以抖音官方平台推出的"点亮 2021"活动为例，为大家讲解短视频活动策划的内容。

抖音"点亮 2021"活动策划书

一、活动背景

2021 年 1 月 1 日，为了庆祝元旦，抖音官方推出"点亮 2021"活动。

二、活动主题

该活动的主题有两个，一是"记录 2020：在抖音一起记录"，二是"记录 2020：在抖音一起跨过"。

三、活动目的

庆祝元旦，总结 2020 年，跨向 2021 新的一年。

四、活动时间

2020年12月28日—2021年1月3日。

五、参与对象

活动参与对象为所有抖音用户。

六、活动内容

发布有效投稿视频，随机获取新年头像挂件。

七、活动玩法

需要登录抖音APP进行查看，除了领取头像挂件之外，参与抽奖的用户还有机会获得现金红包奖励。当然，参与活动的用户还需要了解该活动的相关规则。图15-14为"点亮2021"活动声明。

图15-14 "点亮2021"活动声明

15.3 直播活动策划

和电商活动、短视频一样，直播活动也属于线上活动的范畴，但和它们相比，直播活动不仅兼具两者的作用，而且比它们更有优势。

15.3.1 直播活动的优势

在新媒体领域，除短视频较为火爆外，另一个极受用户青睐的莫过于直播。与短视频相比，直播具有实时性，互动交流的体验感更好，信息反馈也更加及时的优势，再加上直播带货这一模式的出现，使得直播和电商相结合，带动了电商经济的飞速发展。

如今热门的直播平台有很多，其运营模式无非两种：一种是把直播作为平台功能之一，如抖音、快手、B 站、淘宝，还有一种是主要以直播为主的纯直播平台，如虎牙、斗鱼和 YY 直播等。

直播既是一种内容输出形式，也是一种电商销售模式，因此其活动策划的主题和内容需要根据活动目的和实际情况而定。例如，如果直播活动是以产品销售和促销为目的，那么就要做好直播带货的脚本策划工作。

在电商平台的直播带货中，各大商家和店铺经常会开展各种优惠福利活动，以增加产品的销量。图 15-15 为淘宝直播带货中的店铺优惠活动。

图 15-15　淘宝直播带货中的店铺优惠活动

除了电商平台以外，各大直播企业的新品直播发布会也经常举办各种优惠福利活动。例如，2020年12月28日，小米公司举办了小米11新品直播发布会，开展答题抽送小米11的活动。图15-16为"答题抽送小米11"的活动页面。

图 15-16　答题抽送小米 11 活动

15.3.2　【实战案例】直播带货活动策划书

下面就以直播带货活动策划为例，来模拟一份直播带货活动策划书，以帮助大家做好直播带货活动。

直播带货活动策划书

一、直播主题

直播的主题即直播间的标题，如某直播主题为："××游戏本开学季特价"。

二、主播及介绍

此次直播的主播是"明镜"，该主播的身份是：品牌代理人、数码博主、头号玩家。

三、直播时间

2021年1月9日 14:00~18:00。

四、直播流程

该直播的流程一共分为12个环节，具体内容如图15-17所示。

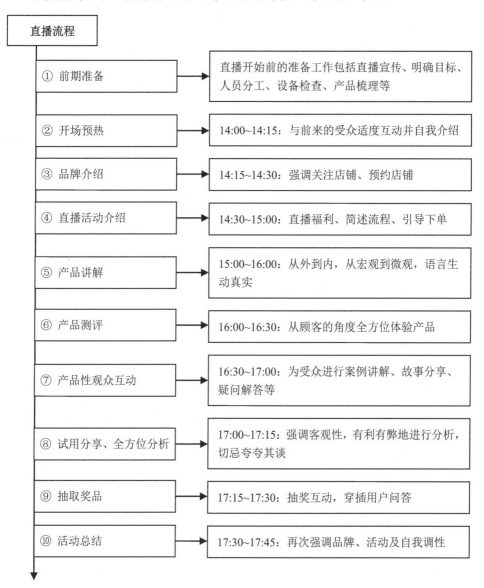

图 15-17　直播流程

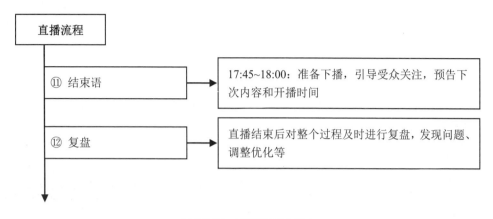

图 15-17　直播流程（续）

以上就是直播带货活动策划的整个流程和步骤，除了想要制订一份详细、清晰和可执行的活动策划，还要考虑直播过程中各种突发状况的应对方案，这样才能最大程度地保证直播的顺畅进行，最终达到直播的预期目标。